ガチャコン電車血風録

—地方ローカル鉄道再生の物語

土井 勉

ジュニア新書 995

はじめに

全国の地方ローカル鉄道が、2019年末にはじまるコロナ禍《か》や、それ以前から始まっていた人口構造の変化、人々のライフスタイルの変化などの影響を受けて、利用者と運輸収入の減少が響いて赤字の収支になっています。また、鉄道施設の維持補修費用の増加や、原油や電力などのエネルギー費用の増加などにより、多くの経費が必要となりつつあります。

こうしたことが背景となって、地方ローカル鉄道や全国のJRの支線などの多くが、存続の危機を迎えています。

これに対して、ローカル鉄道の沿線の自治体では、「鉄道の存続についての請願」などが行われていますが、これだけでは存続することは難しいのが現状です。

そこで、これまでのあり方を思い切って変えることで、新しい時代の地方ローカル鉄道のあり方を切り開いていくことが期待されています。

近江鉄道のキャラクター「駅長がちゃこん」のぬいぐるみ。胸の缶バッジには「新生近江鉄道出発進行」と書かれている

そのためには、鉄道事業者と沿線の自治体が連携して、地方ローカル鉄道が地域で果たしている役割について、データやファクトなども用いて明確にすることと、これを沿線の住民や企業などと共有して、存廃の方向を明らかにする必要があります。その上で、存続ということになれば、鉄道事業者と行政がそれぞれ分担して責任を持つことになる「上下分離方式」などの方策を検討する必要があります。

これまで多くの地域の鉄道事業者では、沿線自治体や地域の住民との間でコミュニケーションが十分に行われてこなかったのが実態だと思います。お互いに意見交換をする必要性が、あまり無かったからです。

そして、鉄道の存廃問題が浮上してくると、これまでのコミュニケーション不足の影響もあり、鉄道事業者と沿線自治体や地域の住民とが、相互不信の状況になることも少なくありません。そのため、存続のための方策や責任の分担などの話に、なかなかたどり着くことができず、時間が経過していくことがよくあります。

本書で取り上げる、滋賀県に路線を持つ近江鉄道の再生についても、鉄道事業者と沿線自治体との関係は、まるでお互いを傷つけ合うような状況でした。そこで、この関係を「血風録」と名付けて、近江鉄道をモデルとして、地方ローカル鉄道がたどった廃線の危機からの再生の「物語」を見ていくことで、他の地域、他の鉄道でも直面している存廃問題の参考にしていただければと考えています。

近江鉄道は、「ガチャコン電車」という愛称で呼ばれています。ガチャコンとは電車が揺れるたびに出る音に由来しています。それほどよく揺れる電車なのです。

では、ガチャコン電車、出発進行。

目 次

1.

地域の足＝全国の地域鉄道の96％が赤字!?

1-1 「まち」が抱える「様々な不安」と移動の関係

私たちが日々生活している「まち」では、仕事をする人たち、お店や病院に行く人たち、そして学校に通う人たちなど、様々な活動を行っている人たちがいます。ここで言う「まち」とは、人々が集まって暮らす地域のことで、都会だけでなく集落なども含んだ意味で使っています。

私たちが暮らすまちでは、現在から将来に向かっていくつかの不安を抱えています。その代表的なものが人口減少の問題です。人口の予測を行っている政府の機関に、国立社会保障・人口問題研究所があります。ここで行われている、我が国の将来人口の予測によると、2020年の人口1億2615万人が、50年後の2070年には、なんと8700万人になるという結果が発表されています。[1)]50年間で約4000万人も人口が減るということになります。近畿圏(大阪府、京都府、滋賀県、兵庫県、奈良県、和歌山県の2府4県)の2019年の人口が2053万人ですから、減少する4000万人の規模感を感じ取ることができるかと思います。

50年後ですから、社会のあり方や生活の仕組みがどのように変化するのか、想像するのは難しいことですが、現在から未来に向かって、私たちが生活し活動するまちのあり方を考えて、これから少しでも住みやすいまちにしていくことが、望まれると思います。

人口が減ると、仕事をはじめ地域のお祭りなど様々な活動を支える担い手が減ってしまうことになります。様々な活動や施設が維持できなくなると、生活のためにこれまでよりも遠方に出かけることが必要になります。身近な例でいえば、近隣のお店がお客さんの減少や後継者不足で閉店すると、より遠方のお店に行くことが必要になります。また、学校や病院の統廃合などがあると、現在より遠くまで移動せざるを得なくなる心配があります。

遠くまで移動することになると、どうしても自動車や公共交通などの交通手段に頼る必要が出てきます。様々な施設まで行くための方策がきちんとできないと、住み続けることが難しいと考える人たちが、これまで住んでいたまちから、他のまちへ流出することも少なくありません。国土全体の人口減少だけでなく、もっと小さな範囲でも人口の流動が進んでいくことになります。

実際に私たちが住んでいるまちにおいて、人々が感じている不安はどんなものなのでしょうか。

そうしたことを考えるために、国土交通省では「国民意識調査」を実施しています。これは、人々が抱いている今後の社会に対する不安や、理想とする将来の社会を知ることで、望ましい政策に取り組むヒントを得るためのものです。ここで2018年2月に実施された「国民意識調査」の結果を見てみたいと思います。

図1-1が「国民意識調査」の結果の一部です。これは「居住地域に対する不安」について、「三大都市圏」「政令市・県庁所在地・中核市」「5万人以上市町村」「5万人未満市町村」の4つの地域別に調べた結果をまとめたものです。

現在の居住地で不安に思うこととして、三大都市圏以外では「公共交通が減り自動車が運転できないと生活できない」ということで、移動についての不安が最も多くなっています。特に人口が5万人以上・5万人未満の市町村では移動について不安だと考える人たちが多いことを示しています。東京・大阪・名古屋などの三大都市圏では、鉄道・地下鉄・バスなどの路線が高い密度で形成され、高い頻度で運行されているので、特に不安はないようですが、

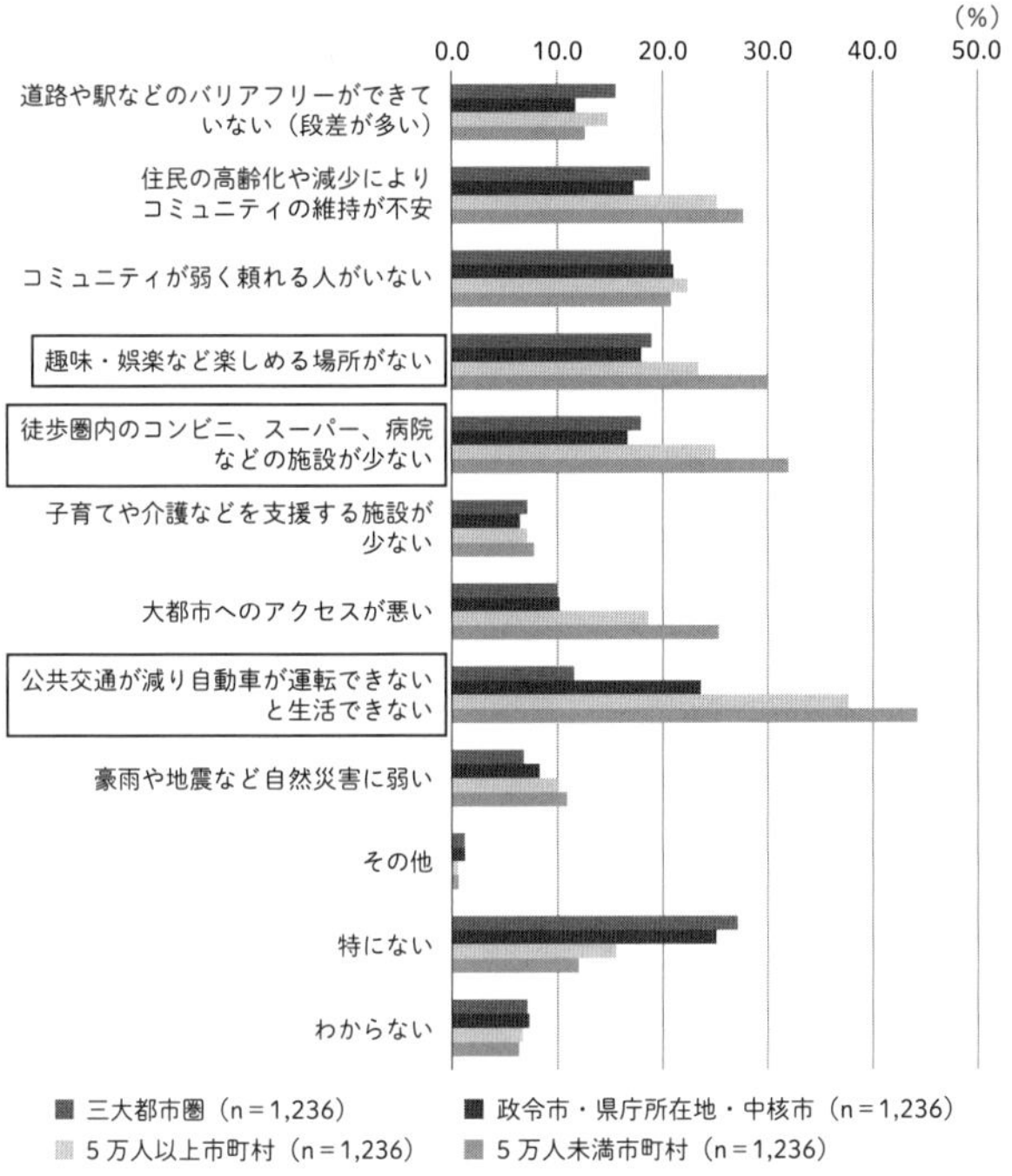

図 1-1　居住地域に対する不安（国土交通省：「国民意識調査」2018 年より、著者作図）

それ以外の地域では公共交通のサービス水準が低く、自動車を運転できなくなると、生活することが難しいと考える人たちが多いことがわかります。

誰もが安心して移動することができるまちが望まれているようです。

また、同じ図１‐１の中にある「不安だと思う」項目で回答数の多い、「趣味・娯楽など楽しめる場所がない」や「徒歩圏内のコンビニ、スーパー、病院などの施設が少ない」という不安も、様々な場所や施設に行くための移動手段に関わる項目だと、考えることができそうです。

そして、人口が減少していく社会において、それを止めることは困難であっても、その影響を穏やかに受け止める方策を考えると、ここで述べたような移動に関わる不安を少しでも軽減することが期待されます。

1-2 移動手段としての自動車と公共交通

移動を支える仕組み

私達が移動を行う目的には、次の2つがあります。

1つは「本源的需要」と言われるものです。これは移動を行うこと自体が目的である場合を指します。例えば、自動車でドライブに行くことや、クルーズ船で船旅を愉しむことなどが、該当します。

もう1つは「派生的需要」と言われるものです。これは、学校に行く、会社に行く、買い物に行く、通院するなど、何らかの目的を達成するために移動を行うことを指します。

私たちが日常的に行っている移動は、圧倒的に派生的需要が多いことがわかりますね。派生的需要の移動の場合は、この移動自体が目的ではないので、できるだけ短時間の移動、あるいはお金がかからない移動が期待されることが多くなります。

私たちが交通政策の対象とするものの多くは、派生的需要に関する移動です。ですから移動の量や流れだけでなく、どんな目的で移動が行われているのかを常に知ることで、適切な政策を考えることが望ましいのです。

その移動を支える「乗り物」には、図1-2のようなものがあります。

この図からわかるように、鉄道や路線バス、タクシー、自家用車、自転車だけでなく、新しい形態の移動手段として新型の路面電車であるＬＲＴ(Light Rail Transit)や高速・大量運行をめざすバスであるＢＲＴ(Bus Rapid Transit)、コミュニティバス、ライドシェアなど多種多様な乗り物が、近年開発されてきました。これには情報技術の進展も大きく関わっています。

これらの移動手段を適切に組み合わせて、地域にふさわしい移動の仕組みを創り出すこと

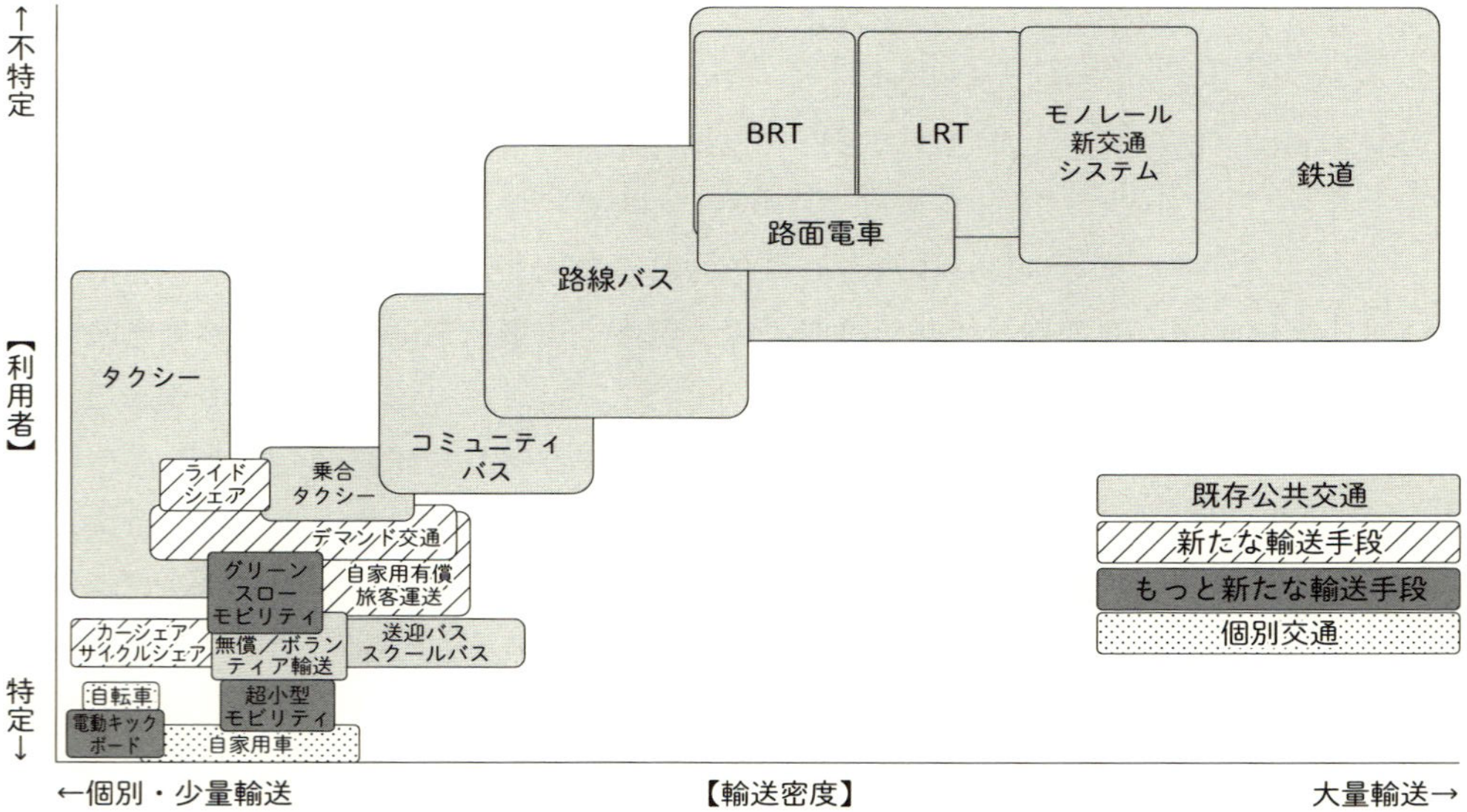

図 1-2　移動を支える乗り物(公共交通トリセツ：塩士圭介「今更聞けない!?移動手段ってどんな種類があるの？」、著者追記)

が期待されています。

自動車の普及と渋滞問題

移動を支える乗り物として、最も普及したものが自動車、特に自家用車です。自家用車は、自分の都合の良い時間に、行きたいところに移動することができるという優れた特徴があることから、自家用自動車の保有台数(2022年3月末)は6166万台、1世帯当り1・03台[2)]にまで普及したのです。まさに一家に1台の状況となっています。

これだけ自動車が普及すると、様々な弊害も発生します。その代表的なものが渋滞《じゅうたい》問題です。自動車の特性は、時間に縛られることなく自分の都合で移動ができることですが、渋滞が発生すると自動車の持つ長所が発揮できなくなってしまいます。

しばしば「交通問題」と言われるものの多くが、自動車の渋滞問題を中心に考えられています。例えば、お正月休みや連休の際のニュースで高速道路をはじめとする各地の渋滞状況が放送されていることからも、いかに多くの人々が渋滞問題を気にしているのかが、よくわかります。

そして、この渋滞問題を解消するために、我が国の道路政策では、渋滞箇所を減らすためのバイパス道路をはじめとする様々な道路の整備が進められてきました(図1-3)。

図1-3　郊外に整備されたバイパス道路
(沿道のお店の看板が高い位置に掲示されている。著者撮影)

こうした道路は、自動車の円滑な移動を念頭につくられてきました。だから自動車にとっては渋滞も起こらず走りやすい道路です。道路の沿道には広い駐車場を持つお店ができてきます。これらの道路が自動車の円滑な走行を目的につくられているのと同様に、沿道のお店も自動車での来訪が前提となり、自転車や徒歩でお店を訪れる人たちを対象としていないようです。それはお店の看板を見るとわかります。これらの看板は大きくて高い位置に掲示されています。自動車を運転している人たちが、車内からでも瞬間的にわかるように作成されているからです。

自動車が走りやすい道路は、まちの機能が集中している地域から、どんどん郊外に拡散していくことになります。自動車を使うことができると便利なまちなのですが、自動車を使うことができない人たちにとっては、不便なまちになっていきます。こうしたまちの姿が、図1-1で見たように「居住地域に対する不安」として「公共交通が減り自動車が運転できないと生活できない」という回答が多くなる背景にあります。

公共交通が自動車よりも優れている点はあるのだろうか？

先ほども書きましたが、自動車は大変に便利で快適な移動手段なので、これだけ普及したのです。では、自動車があれば、他の移動手段は不要なのでしょうか？

もちろん、そうではありません。ここでは鉄道・バス・タクシーなど公共交通が自動車よりも優れている点について考えてみたいと思います。まとめると次の2つになると考えられます。

①人々の移動を「束ねて」運ぶ

図1-4に見るように、同じ50人を運ぶための移動手段として、1台の自動車に1人が乗ると50台が必要となり、道路は自動車で埋まります。1台の自動車に2人が乗っても、道路

図1-4　50人を運ぶための移動手段に必要になる都市空間（左：自動車50台、右：バス1台）富山県高岡市エコライフ撮影会写真より（撮影：公益財団法人とやま環境財団）

には自動車が並ぶことになります。しかし、バスなら50人を1台で運ぶことができます。奥の方には路面電車が写っていますが、こちらも1台で50人を運ぶことができます。

自動車利用のためには50台が通行できる道路空間を確保し、さらに駐車場の場所を確保するなど、都市内の貴重な空間を大きく占めることになり、場合によっては拡張することが必要になります。しかし、バスなら50人の人々を束ねて運ぶことができるので、都市内の空間への負荷は、自動車に比べてかなり少なくなるということがわかります。また、同じ50人の人を運ぶ際に出る排気ガスなどもバスの方が少なくなり、エネルギー効率も良さそうです。

もちろん、自動車は細い道まで進入してきめ細かな動きができますが、バスは路線から離れての運行はできません。それに乗降もバス停留所に限定されるなどの制約があります。

多くの自動車が集中すると渋滞が発生します。人々の移動を束ねて運ぶ公共交通では、バスの車内は混雑しますが、道路の渋滞が発生することは少なくて済みそうです。だから、自動車から公共交通へと移動手段の転換を促すことで、渋滞対策を行うことが可能となります（図1-4から感じ取ってほしいです）。

さらに、公共交通では、通勤・通学・買い物・通院など様々な目的を持った人々が乗り合わせる場合が少なくありません。こうした乗り合わせが可能で、一度に移動を支えることが可能な公共交通は、個別に通勤専用バスやスクールバス、買い物バス、通院バスを準備するよりも費用を抑えることができる場合があります。

②自分で運転しなくてもいい

自動車を利用するためには、誰かが車両を確保し、運転免許証を持つ人が運転する必要があります。一方で、公共交通は車両を確保しなくても、また運転免許証を持たなくても利用

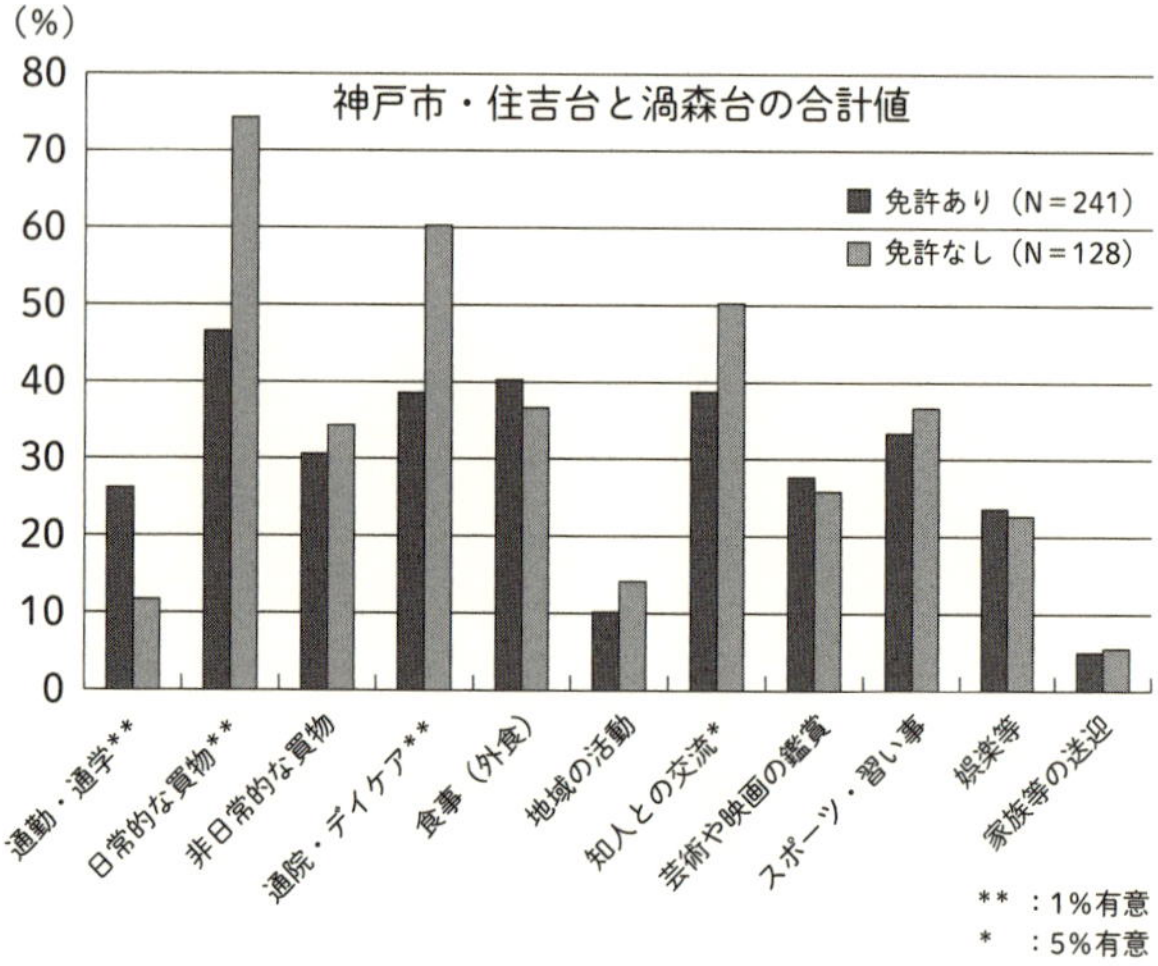

図 1-5 バスが存在することで実現する活動[3)]

することが可能な移動手段なのです。

仮に公共交通がないとしたら、免許証を持たない高校生は、駅から遠いところに住んでいれば、通学のためには親に駅まで送迎してもらうことになることも少なくありません。同様に、高齢者の通院も家族の誰かに送迎してもらうことになりそうです。

送迎してもらう方は遠慮や気兼ねが働いて、送迎を家族などに頼むことを控える場合があります。そうすると、したい移動が埋もれてしまうことになります。

また、送迎する方も、朝は駅まで子どもを送り、午前は同居している親を病院まで送迎し、午後は帰ってくる子どもを迎えて塾に送迎、夜にはパートナーの帰宅を迎えに行くなど、一日が送迎することで過ぎてしまうことになります。送迎をする方も結構大変なのです。

ここに、公共交通があれば、自分の意向で自由に移動することができ、遠慮していた外出も増加(外出の埋もれた需要が顕在化)することになります(図1-5)。

さらに、自分で移動する人たちが増えると、送迎をしていた人たちも送迎からの解放が期待できるようになります。

このように公共交通は自動車にはない優れた点があるので、これからの地域の移動の仕組みを考えるときには、自動車、鉄道、バスなどを個別に考えるだけでなく、それぞれの良さを活かすようにバランスのとれたものとすることが望まれます。

1-3　地方ローカル鉄道の存廃問題が急浮上

こうした特徴がある公共交通ですが、今や存続について危機的な状況を迎えている場合が少なくありません。

公共交通の中でも地方ローカル鉄道は、豊かな自然の中を走る列車のイメージが思い浮かびますが、そうしたイメージとは裏腹に多くが存続の危機に直面しているのです。沿線の人口減少や、自動車利用の増加によるライフスタイルの変化などによって地方ローカル鉄道の利用者が減少し続けているからです。

図1-6は国土交通省の資料で「地域鉄道の収支状況」をまとめたものです。地域鉄道というのは、国土交通省の分類で、新幹線、在来幹線、都市鉄道など利用者が多い鉄道路線以外の鉄道や軌道路線のことです。その運営主体は中小民営鉄道及び第三セクターなどです。95社(2022年度版)のうち中小民鉄が49社、第三セクターが46社という内訳になっています。本書で、地方ローカル鉄道と呼んでいる鉄道も、この地域鉄道に含まれていると考えて良いと思います。

さて、図1-6を見るとコロナ禍《か》の真っ最中の2021年度では、なんと96%の事業者が赤字になっています(右側のグラフ)。コロナ禍への対応策として、「不要不急の外出の自粛」などの生活様式の変化が起こり、人々の外出が減少することで、公共交通の利用者が大きく減ったことがわかります。

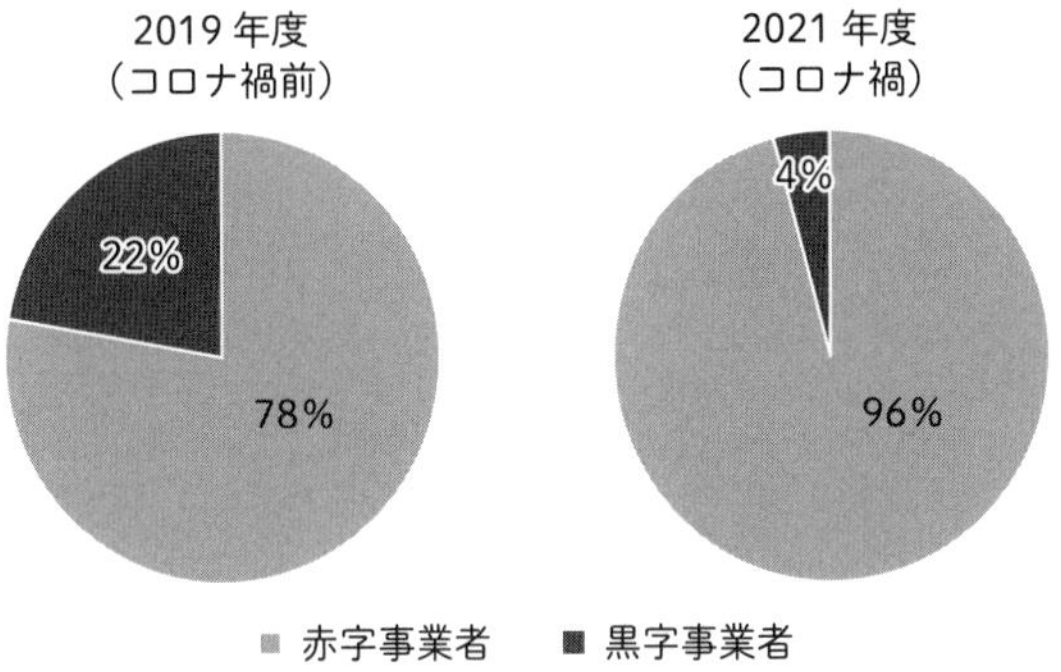

図1-6　地域鉄道事業者95社の収支状況（国土交通省HP：「地域鉄道の現状」より）

そして、同じ図の左側のグラフから、コロナ禍前の2019年度でも赤字の事業者が78％にものぼることがわかります。実は、ほとんどの地域鉄道の事業者は、コロナ禍前から赤字だったのです。

赤字だということは、鉄道を運行する費用よりも収入が少ないということです。この状態が続けば鉄道を運行する資金がなくなり、廃線にならざるを得なくなります。

こうした状況を受けて、JR西日本やJR東日本では、2019年度の輸送密度が1日あたり2000人未満の線区（鉄道路線の特定の区間のことを言います）を公表しています。輸送密度とは営業キロ1kmあたりの1日平均旅客輸送人員のことで、他の鉄道などとも輸送規模を比較することができます。これらの鉄道会社では、輸送密度が極端に少ない線区については、鉄道という維持コストが高い輸送手段以外にも、地域にふさわしい移動手段があるのではないか、という問題提起がされています。

こうしたこともあり、地方ローカル線の存廃問題は、一気に社会問題化することになりました。

地方鉄道の存廃問題を考えていくと、人々の移動を通じた生活や経済活動を支えるだけの議論ではないことに気づきます。

移動の問題であれば、代わりの移動手段として適切なサービスを確保できるようなバスの導入で解決できます。しかし、鉄道は線路があり、専用の通行帯が準備され、駅があり地域の目印になっています。また多くの地図では線路が描かれているので、運行便数が少なくても、地域のシンボルにもなっています。こうした鉄道がなくなると、駅や車庫の再生が難しいため、二度と復活はできないという意見も少なくありません。

さらに、普段利用していなかったとしても「鉄道がなくなることで、ここは見捨てられた地域になる」という感情を持つ人々も少なくありません。

このような状況に対して、様々な人たちが地方ローカル線の存続について発言をするようになりました。ここでは、その中でも代表的な意見として、地方ローカル線を抱える23道県知事から、鉄道を所管する国土交通大臣宛てに2021年8月に提出された「地方の鉄道ネットワークを守る緊急提言」の内容を紹介しておきたいと思います。

この緊急提言では「ローカル線を含めた鉄道ネットワークは、地域にとって必要であるだけでなく、国としても、災害時の移動手段の代替性・補完性の確保など、わが国の交通政策の根幹として考えるべき課題」だと述べられています。その上で国に対して、①鉄道利用促進のための機運醸成、②JRを含めた鉄道事業者の経営基盤の安定化への支援、③鉄道事業法における鉄道廃止等手続きの見直し、という要望が出されています。

ただ、こうした提言や要望を出すだけで、地方ローカル鉄道が存続できる状況ではありません。地方ローカル鉄道に関わる鉄道事業者、国・都道府県・市町村などの行政、それに、沿線地域の人々、企業など関係者が文字通り協働して、存続の道を探し出すことが必要になります。

国土交通省でも2023年には、こうした地方ローカル鉄道の危機的な状況に対して、自治体や鉄道事業者などから構成される協議の場（再構築協議会）を設置することなどの法律や制度を準備することになりました。この協議会では、単に鉄道の「廃止」や「存続」を前提とするのではなく、どうすれば地域にとってふさわしい仕組みになるのかについて議論する場にしていくこととされています。

このように、地方ローカル鉄道の問題は待ったなしの状況になりつつあります。

そこで、次章からは、鉄道事業者、行政、沿線の様々な人々が共に力をあわせて地方ローカル鉄道再生について実践してきた、滋賀県の近江鉄道の再生の物語を紹介したいと思います。

2.

近江鉄道ってどんな電車？

——辛苦是経営って何？

2-1　近江鉄道の概要

近江鉄道に乗車すると、地形が平面で、大きな山や深い谷と出会うことがないことに気づきます。東海道新幹線と平行して進む区間もありますが、主に広がる田園地帯の中を電車が進んでいき、時折集落や工場などに出会うことがあります。近江鉄道は2両編成ということもあって「ザ・ローカル線」という沿線の雰囲気の中で車窓の変化を愉しむことができます。

図 2-1　近江鉄道の車両（写真提供：JB press）

近江鉄道は第1章で述べた、国土交通省が定めている地域鉄道事業者95社の1つです。路線の概要は図2-2に示すように、本線・八日市線・多賀線の3つの線区から構成されています。総延長は59.5kmで全線が単線、33駅から構成されている私鉄です。基本的にはワンマン運転で運行しています。

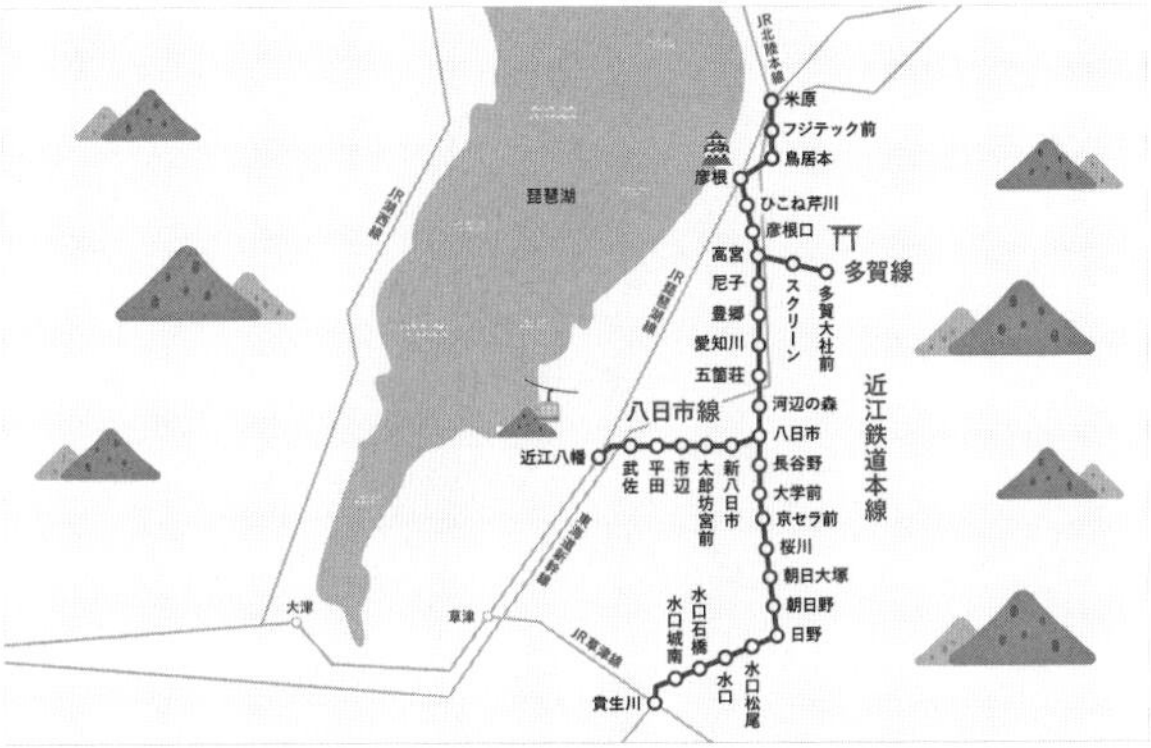

図 2-2　近江鉄道の概要（近江鉄道 HP より）

その路線は、滋賀県東部地域の10市町（米原市、彦根市、多賀町、甲良《こうら》町、豊郷《とよさと》町、愛荘《あいしょう》町、東近江市、近江八幡市、日野町、甲賀市）をカバーしています。

33の駅のうち、彦根駅、八日市駅、貴生川《きぶかわ》駅、近江八幡駅の4駅は終日有人です。他の駅は時間を決めた有人駅もありますが、多くは無人駅となっています。

米原駅では東海道新幹線に加えてＪＲ琵琶湖《びわこ》線・北陸本線に、彦根駅・近江八幡駅ではＪＲ琵琶湖線に、貴生川駅ではＪＲ草津線・信楽《しがらき》高原鐵道《てつどう》に接続しています。こうした接続により、滋賀県外へ行く鉄道とも結ばれているので、広域的な結節性を持っていることになります。

近江鉄道の歴史は古く、その開業は１８９８（明治31）年でした。関西の大手私鉄である阪神電鉄が１９

05（明治38）年、阪急電鉄（開業当初は、箕面《みのお》有馬電気軌道）が1910（明治43）年の開業ですから、これらよりも古くから鉄道を運行している歴史があります。

もともとは、近江鉄道は沿線の特産物であるお米（江州《ごうしゅう》米）、スイカ、雨合羽《あまがっぱ》をはじめとする地元の産物の搬送を目的として設立された鉄道でした。だから、近江鉄道の創設にあたっては、地元の有力者である近江商人たちと、旧彦根藩士たちが中心的な役割を担っていたのです。

近江商人とは、まさに近江鉄道の沿線地域を中心とする滋賀県内の各地で生まれた商業者で、江戸時代に多様な商業の分野で大活躍した人たちのことです。今も日本を代表する企業として活動している、伊藤忠商事、日本生命、武田薬品なども近江商人が生み出したものです。

こうした近江商人たちには、有名な経営哲学があります。それは「売り手よし、買い手よし、世間よし」の「三方よし」の経営というものです。自分たちが稼いで儲けるだけではなく、商売を通じて良い社会をつくろうという、志《こころざし》を持っていた人たちだったから、大きな企業として発展していったのだと思います。

近江鉄道の沿線には、今も近江商人たちが寄贈した様々な施設が残っています。例えば、滋賀県豊郷町にある、ウィリアム・メレル・ヴォーリズが設計したことで有名な、というよりもアニメ「けいおん！」の聖地としても知られている豊郷小学校旧校舎群(図2-3)は、近江商人が私財を提供することで建設ができたものです。この地域における、先人たちの教育に対する温かい思いを感じ取ることができる建物だと思います。なお、この小学校は２０１３(平成25)年に国の登録有形文化財に登録されています。

図 2-3　豊郷小学校旧校舎群(著者撮影)

しかし、近江鉄道の経営は容易なものではありませんでした。日清戦争(１８９４〜９５年)の戦後の不景気の影響や、様々な風水害など自然災害による打撃のために、何度も経営危機を迎えることになりました。

こうした困難な時にも、近江鉄道の経営を支えたのが、近江商人でした。この地域の人々の支えがあったから、今でも近江鉄道は存続しているのです。

こうした状況を象徴するような石碑が、彦根駅にある近江鉄道の本社の横に立っています（図2-4）。この石碑には「辛苦《しんく》是経営《これけいえい》」と刻まれています。「辛苦是経営」とは、経営を行うことは、大変な苦労をすることだ、というような意味だと思います。

図 2-4　近江鉄道本社横にある「辛苦是経営」の碑（著者撮影）

　この石碑は近江鉄道の創立期を支えた、取締役の西村捨三《にしむらすてぞう》が残した言葉だということです。西村捨三は旧彦根藩士であり、行政手腕に長けた人で大阪府知事などを歴任しています。そして、近江鉄道が開業の頃に見舞われた経営上のピンチを乗り切り、近江鉄道の基礎を築いた人です。

　「辛苦是経営」の碑を見るたびに、鉄道を支えるための経営は本当に厳しい状況が多かったことが、伝わってきます。同時に、会社の経営は苦しい状況だったけれども、鉄道を利用する人たちに幸せを届けたいという、鉄道を運行する人たちの強い思いや責任感も、この石碑に刻まれているように思います。

2-2 独特のレトロ感をいまに残す近江鉄道

創業期の危機的な状況を切りぬけて、近江鉄道は鉄道事業に加えて、近江鉄道グループとしてバス（近江バス・湖国バス）、近江タクシーという人々の移動を支える交通事業をはじめ、サービスエリア運営、八幡山ロープウェー、不動産事業など多様な事業を展開しています。また、第二次世界大戦中の１９４３（昭和18）年には、実質的に西武の創業者である堤康次郎《つつみやすじろう》が近江鉄道沿線の出身という関係で、関東に拠点がある西武グループの傘下に入ることになりました。

近江鉄道の現在の役割や路線の性格を、利用者の実態から考えると、主に沿線の人々の日常生活を支えるために使われている鉄道だということができます。

その理由は、現在の近江鉄道の利用者の内訳を見るとわかります。近江鉄道の利用者のうち、約１／３は通勤定期券、同じく約１／３は通学定期券の利用者です。残りの１／３の利用者は定期券ではなく、主に乗車券を購入して乗車する人たちです。この中には買い物や通院などで利用する人たちも含まれますから、約８割以上が通勤・通学・買い物・通院などの日常利用の人たちということになります。沿線には多賀大社をはじめとする様々な名所や観光施設などもあり、旅行者も利用しますが、近江鉄道は主に沿線の人たちの日常生活を支えていることがわかります。

近江鉄道は、基本的に経営が苦しい時期が多かったということもありますが、古い施設を新しいものに入れ替えるというようなことだけでなく、レトロな雰囲気を残すことにも努力をしています。その事例をいくつか紹介したいと思います。

ユニークな駅

・アニメの世界から抜け出してきたような駅――鳥居本駅

鳥居本《とりいもと》駅は本線の彦根駅から一駅北にあります。この駅舎は1931（昭和6）年、近江鉄道が米原～彦根間を開業した際に建てられたものですから、90年以上も駅として人々の移動を支えてきたことになります。駅舎の建築は、四角い煙突と赤い瓦《かわら》屋根が印象的で、まるでアニメの世界から抜け出してきたような雰囲気があります（図2-5）。

そして、2013（平成25）年には駅舎が登録有形文化財として登録されています。

・洋館のような新八日市駅

新八日市駅は八日市線の駅であり、近江鉄道の前身である湖南鉄道の八日市口駅として1913（大正2）年に開業したものです。その後、1922（大正11）年に現在の駅舎が竣工しました。薄緑色に塗装された2階建ての洋風建築の雰囲気が目につきます（図2-6）。

図2-5　鳥居本駅。駅舎内は教会のような雰囲気も漂う（写真提供：2枚ともJBpress）

豊郷小学校のところで紹介しましたが、滋賀県内には、近江八幡市を中心に宣教師・建築家・社会活動家として活躍した、W・M・ヴォーリズの手がけた洋風建築が今も多く残っています。こうした地域の雰囲気が、洋風建築の駅舎を残してきた背景にあるように思います。

図2-6　壁面のツタと薄緑色の塗装が独特の味わいをもたらす新八日市駅
（写真提供：JBpress）

今では珍しい「硬券」も日常利用されている

厚紙でつくられた切符のことを「硬券《こうけん》」と言います。厚紙が固くて簡単には折れないので「硬券」と呼ばれているのです。

もともと、明治の鉄道創業期から硬券は標準的な切符として使用されていたようです。ただ、硬券は厚さがあるので自動改札機には通すことができないなどの理由で、全国の鉄道会社では、次第に使用されなくなってきました。現在は実用というよりも、観光用や記念品として硬券が販売されることが多くなっています。

それに対して近江鉄道では、全くの日常利用として、有人の窓口で切符を購入すると硬券と出会うことになります（図2-7）。窓口で行き先を告げてお金を支払うと、当然のように駅員さんは硬券を出してくれます。はじめて硬券を買ったときは、イベントでもないのに硬券が出てくることに大変驚きました。乗車の記念にしたくなります。

こうしたことから、近江鉄道という会社は時代に背を向ける、というのはやや大げさな言い方ですが、会社として頑固に自分たちの価値観を大切にしているように感じます。というのも、硬券を日常的に取り扱うためには、毎年、必要な量の硬券の印刷などの作成作業を行う必要がありますし、切符は金券と同じなので、適切に保管して、不足すれば追加で発注するなど、面倒なことがたくさんあります。だから多くの鉄道会社、バス会社は自動改札機を通すことが可能な磁気カードやＩＣカードに変わっていったのです。

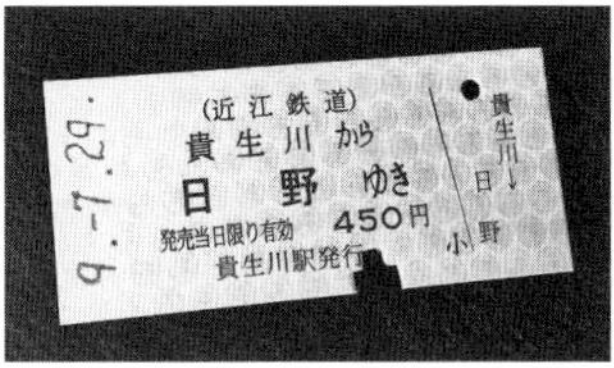

図 2-7　近江鉄道の硬券

それに対して、硬券を実用的に使う近江鉄道の姿勢には、単にレトロな感じを大事にしている、ということだけではない思いがあるようです。

ただ、今後は改札の自動化やＩＣカードのような非接触型のチケットが増加することで、硬券の取り扱いは、減少していくことが予想されます。近江鉄道での日常利用としての硬券の販売も今後は転機を迎えることになりそうです。

2-3　赤字が続いている近江鉄道

近江鉄道の近年の動きについては、表2-1の年表に簡単にまとめています。1967（昭和42）年度には、近江鉄道は会社創設以来最多の年間輸送人員となる1126万人を運んでいます。この当時の日本は、まさに高度経済成長期の真っ只中でした。また、自動車保有がまだ少なかったこともあり、鉄道の輸送人員が伸びていたのです。しかし、これ以降の輸送人員は減少に転じることになります。

輸送人員が減少することで、鉄道の運輸収入も減少します。収入が減少しても鉄道の運行を続けるために、経費を減らす様々な工夫が行われました。例えば、1987（昭和62）年には全線でワンマン運転が実施されることになりました。運転士の人件費を減らす工夫ということです。

しかし、そうした努力にもかかわらず1994（平成6）年には、初の営業赤字となりました。すなわち、収入よりも支出の金額が大きくなったのです。この年以降、赤字額が拡大していくことになりました。

この間も輸送人員の減少傾向は継続し、２００２(平成14)年には年間輸送人員が３６９万人と、最小になってしまいました。最も輸送人員が多かった１９６７年の１１２６万人と比べると７５７万人、なんと約７割も減少しています。ものすごい減り方です。

こうした輸送人員減少＝運輸収入減少という苦境にあっても、近江鉄道では輸送人員増加に向けた様々な努力が行われています。例えば、沿線の企業の協力を得てフジテック前駅(２００６年)、スクリーン駅(２００７年)などの新駅を設置したことも、取り組みのひとつといえます。少しずつ輸送人員は増加しているのですが、残念ながら、鉄道を維持するための費用が増加傾向となり、赤字が積み重なっていきました。これについては後の章で詳しく述べたいと思います。

そして１９９４年度から22年間赤字が続いた２０１６(平成28)年の６月に、近江鉄道株式会社の経営者が滋賀県庁に三日月大造《みかづきたいぞう》知事を訪問して「近江鉄道については、今後は民間企業の経営努力による事業継続は困難」という意見が表明されました。これに続いて、10の沿線市町の市長・町長にも同様の意見が表明されました。事実上のギブアップ宣言が出されたということです。

表 2-1　近江鉄道の変遷

年	事項	備考
1898(明治 31)	近江鉄道開業(彦根～愛知川間 12.1 km)	以降、順次開業。延長 59.5 km、33 駅
1967(昭和 42)	年間輸送人員が 1,126 万人で最多を記録	
1987(昭和 62)	全線でワンマン運行の開始	
1991 (平成 3)	220 形(初の冷房車両)の運行開始	
1994 (平成 6)	鉄道事業が初の営業赤字	以降、赤字額が拡大
2002(平成 14)	年間輸送人員が 369 万人で最小	
2006(平成 18)	フジテック前駅開業	
2008(平成 20)	スクリーン駅開業	
2016(平成 28)	近江鉄道が民間企業の経営努力では事業継続が困難と表明	
2018(平成 30)	近江鉄道線活性化再生協議会	任意協議会、6 回開催
2019 (令和元)	近江鉄道沿線地域公共交通再生協議会	法定協議会
2020 (令和 2)	第 2 回法定協議会で全線存続を決議	
	政府：地域公共交通の活生化及び再生に関する法律(略称：地域交通法)の一部改正	
	第 5 回法定協議会で上下分離方式の合意	
2021 (令和 3)	第 6 回法定協議会で自治体の費用負担割合の合意	
2022 (令和 4)	全線無料デイの実施(10 月 16 日)	
	近江鉄道線管理機構の設立	
2024 (令和 6)	公有民営の上下分離方式で運行開始	

会社資料などをもとに著者作成

このギブアップ宣言を滋賀県や沿線の市町は、驚きを持って受け止めることになりました。

近江鉄道株式会社は、鉄道事業以外にもバス事業や高速道路のサービスエリアの運営、不動産事業など多様な事業を展開しています。こうした様々な事業を合わせると会社全体としては黒字だったのです。それなら、会社全体の黒字で鉄道の赤字を埋めることはできないのか、というのが沿線市町や滋賀県の率直な気持ちだったと考えられます。

また、赤字が積み重なってはいますが、近江鉄道の輸送人員は他の地方ローカル鉄道と比べると、決して少ない方ではありません。

公共交通の輸送規模を把握《はあく》する方法として、輸送密度という考え方があります。国土交通省では赤字が続く地方ローカル鉄道の経営改善や存廃について、鉄道事業者や沿線自治体と協議を行う場を設置する基準として、輸送密度が1000人未満の線区を優先すると定めています。また、JR西日本管内では最も厳しい状況にある芸備線（東城～備後落合の区間）の輸送密度は20人（2022年度）となっています。

表2‐2には2017年度の近江鉄道の線区別の輸送密度を示しました。

この表を見ると、八日市～近江八幡間の輸送密度は4681人、彦根～高宮間は3058

表 2-2　近江鉄道の線区別の輸送密度
（2017 年度）

線区	営業キロ	輸送密度
全　線	59.5 km	1,902 人
①米原～彦根	5.8 km	692 人
②彦根～高宮	4.1 km	3,058 人
③高宮～八日市	15.4 km	1,559 人
④八日市～水口	18.5 km	1,176 人
⑤水口～貴生川	3.9 km	1,485 人
⑥高宮～多賀大社前	2.5 km	598 人
⑦八日市～近江八幡	9.3 km	4,681 人

資料：近江鉄道株式会社

人となっています。赤字の地方ローカル鉄道とは思えない好成績です。距離の短い線区である米原～彦根間は5・8kmで692人、高宮～多賀大社前間は2・5kmで598人と少なくなっていますが、全体としては1902人を記録しています。JR西日本では、輸送密度が2000人未満の線区は、大量輸送機関として、鉄道の特性が発揮できず、維持することが困難だという見解を出しています。[1)] このことを考えると、近江鉄道の輸送密度は1902人ですから、まさに存廃が議論される地方ローカル鉄道の好事例になりそうです。

3.

鉄道の存廃問題と上下分離方式

3-1 鉄道を動かすために必要となるお金――経費

様々な活動や仕事を行う際に必要となるお金のことを「経費」と呼びます。また、収入と経費の差額が「収支」です。収支がプラスであれば黒字、マイナスだと赤字になります。

鉄道を動かすために必要となるお金も「経費」と言います。この経費に含まれるのは、人件費、線路修繕費、電路修繕費、車両修繕費、動力費(電気代)、駅を建てたり車両などを購入したりする際に必要となる費用などです。

近年は人手不足の影響で、人件費が上昇しています。また、原油価格上昇の影響を受けて電気代も高くなり、動力費も上昇を続けています。さらに、地方ローカル鉄道では、鉄道施設の老朽化に対する安全対策は欠かすことができないので、修繕箇所が増加すると線路修繕費なども次第に上昇することになります。他の修繕費も今後、施設・設備の老朽化に伴い、増加していくものと考えられます。ということで、鉄道を動かすために必要となる経費は、増加の一途をたどっています。

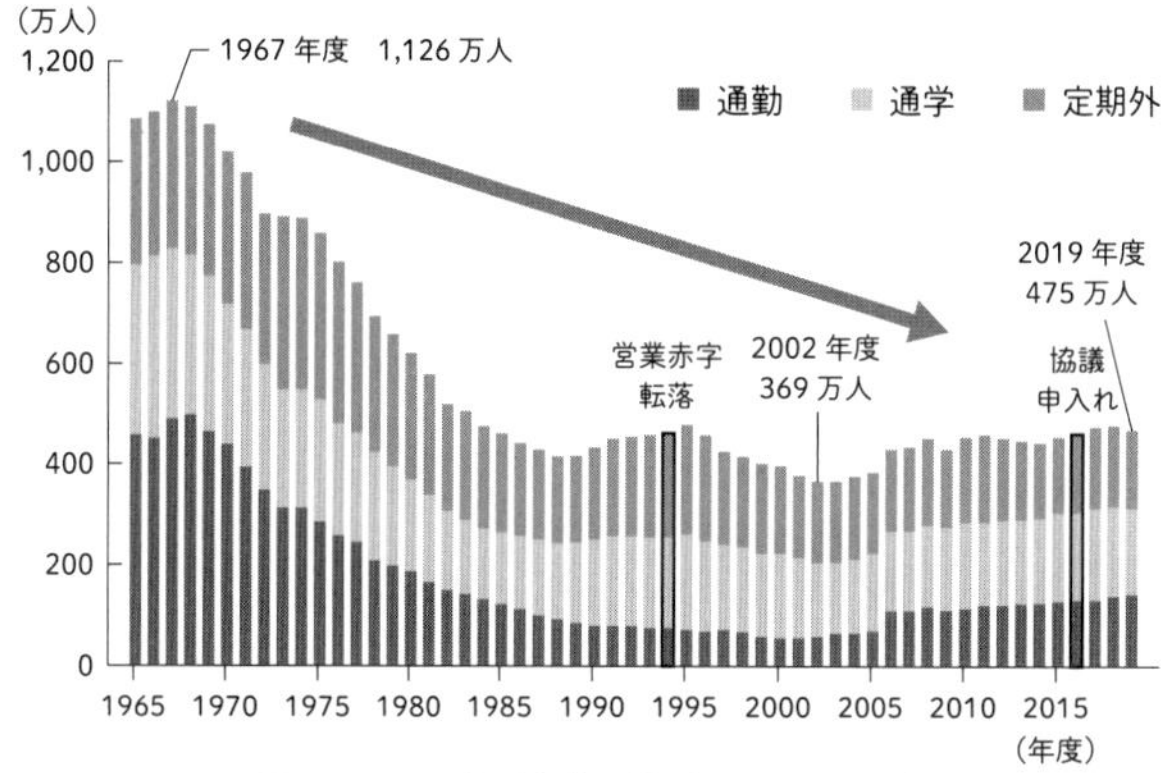

図 3-1-1　近江鉄道の輸送人員の推移[1)]

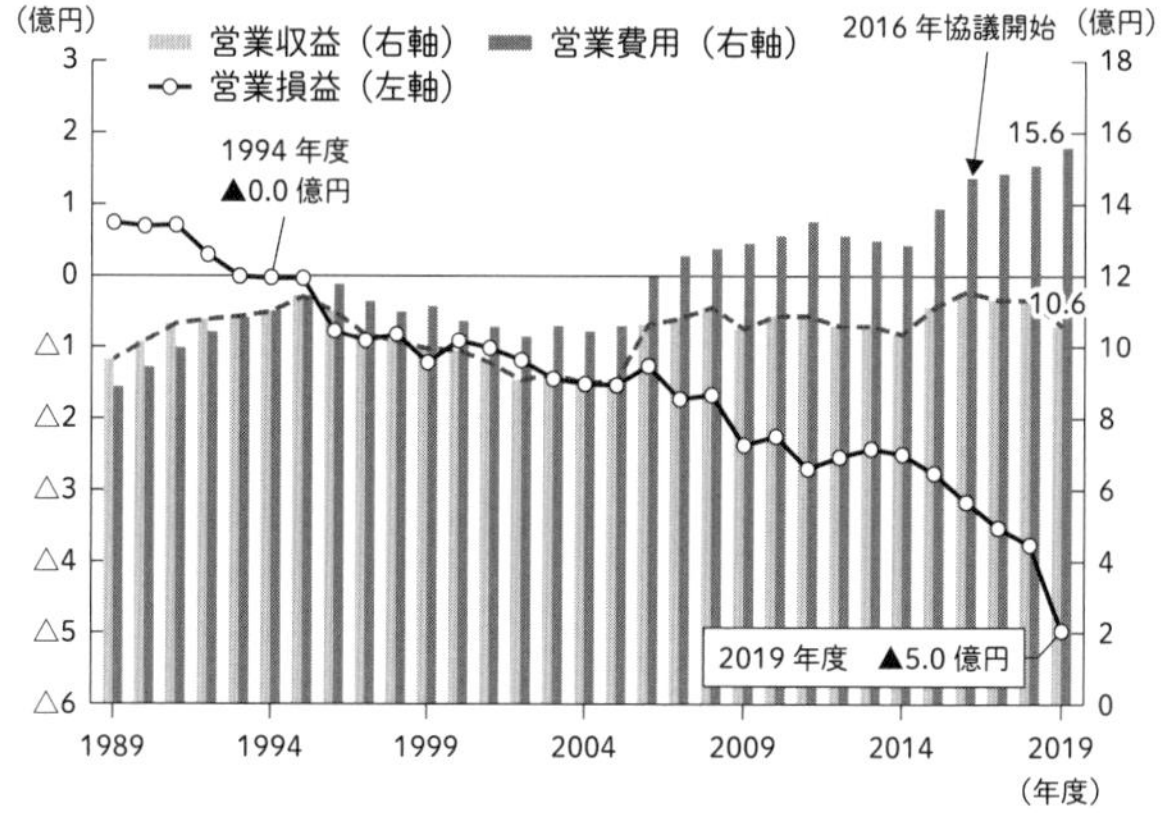

図 3-1-2　近江鉄道の収支の推移[1)]

近江鉄道では、輸送人員（図3-1-1）が最も少なかった2002年度の369万人に対して、新駅の整備などが功を奏して微増傾向になり、2019年度には475万人と、100万人以上増加しました。ただ、それ以上に経費が増加しているために、収支が悪化（図3-1-2）しています。2019年度には5億円もの赤字となっています。

こうした経費の増加傾向は、近江鉄道だけでなく、地方ローカル鉄道においてはどこも同じような傾向にあります。だから第1章で見たように、地域鉄道の事業者の96%が赤字経営になっているのです。

3-2 なぜ鉄道の赤字が問題になるのか？

鉄道会社で赤字が続くと経営が苦しくなるのは、なんとなく感覚でわかりますが、赤字だからといっても、すぐに廃線になることもなく鉄道が動いていることは、不思議な気がします。

そこで、そもそも鉄道会社で赤字が問題になる背景について考えてみたいと思います。

先進的だった小林一三モデル

人々の移動を支えるという点では、道路も鉄道も同じなのに、道路は収支や赤字について指摘されることがありません。一方で鉄道は、収支の悪化や赤字が問題になります。

これは、なぜなのでしょうか？

道路は、社会生活を支えるためには欠かすことができない社会資本（インフラストラクチャー、略してインフラと言われることが多い）として、国や都道府県、市町村などの行政が建設して、維持管理を行っています。これに要する費用も行政が確保しています。

そして、一部の有料道路以外は、基本的に無料で通行ができます。そもそも、道路には赤字や黒字という発想がないのです。

道路はインフラだという点が、公共交通と異なるのです。

鉄道やバスなどの公共交通の事業については、行政からの補助金などの様々な支援を得て運行されている場合もありますが、基本的には民間企業がビジネスとして運行しています。

また、先に見たように、運行に要する経費も公共交通事業者が自分たちで負担しています。

こうした公共交通事業が、民間のビジネスとなっているのには理由があります。それは、1910(明治43)年に関西で開業した、小林一三《こばやしいちぞう》が率いる箕面《みのお》有馬電気軌道(現在の阪急電鉄)が創り上げた、鉄道の経営モデルがよくできていたからなのです。

それまでの鉄道は、東京〜横浜間を運行するなど、人口の多い大都市間を結ぶことで産業振興を担う路線や、伊勢神宮をはじめ寺社仏閣への参詣を支える路線など、大きな需要が期待できるものが中心でした。大きな需要があるということは運賃収入も多く得ることができるので、黒字の路線になったということです。

しかし、小林一三は大都市近郊で都市化がまだ進んでいない路線において、郊外住宅地の開発を行い、人々を沿線に集め、同時にターミナルには、百貨店などの商業施設や遊園地などの開設を組み合わせることで、鉄道事業を優良なビジネスとして育てることに成功したのです。

小林一三モデルとも言われる、彼が開発した私鉄の経営モデルは瞬く間に全国の鉄道会社に広がっていきました。その結果、鉄道会社はその地域における優良な企業になっていったのです。

こうした優良な企業に行政は公的な支援を行う必要はない、と考えられてきました。むしろ、行政は余計な介入はしない方が良いという考え方が根付いていきました。

このため、黒字だった鉄道会社が赤字になることは、地域の人たちや沿線の自治体にとっては、想定外のことでした。

地域の人たちや沿線の自治体は、優良だと考えられてきた公共交通事業の赤字に対する方策をこれまで考えることがなかったので、赤字問題が大きくなり、減便になったり存廃問題が浮上したりしても、なかなか対応策が出てこない状況になっています。

なお、鉄道を軸としてまちづくりを進めるこうした政策は、欧米ではＴＯＤ(Transit Oriented Development：公共交通指向型開発)と言って、環境を重視したまちづくりの方法として、近年アメリカなどで重視されています。

赤字でも運行を継続する努力

既に述べたように、鉄道を運行する経費を、運賃などの収入でまかなうことができると黒字になり、運行を継続することができます。しかし、経費が収入を上回って赤字になっても鉄道の運行を続けることはできるのでしょうか？

実際には赤字が続くと鉄道事業は縮小せざるを得なくなります。様々な地方ローカル鉄道で電車が動いているので、赤字が続いて廃線の危機になっていることには、一般の人たちは気付かないことも多いのです。

しかし、コロナ禍《か》前でも78％の地域鉄道事業者が赤字というのが実情です。こうした状況でも、鉄道の運行は継続されてきました。

実は、赤字でも運行を続けるために、私たちには見えないところで、鉄道会社では様々な努力が行われています。

例えば、運賃収入や関連する事業での収入では不足する分を埋めるために、主に表3-1に示すような経営努力が行われてきたのです。

表3-1の①コストカット＝経費削減は、多くの鉄道事業者が既に実施しているものです。ただ、人件費のカットによって働く人たちの待遇が悪くなって、人材不足になる事業者も少なくないのが実情です。最近よくマスコミなどで話題になる、バスの運転士不足の原因の一つに、運転士の待遇がよくないことが挙げられています。

表 3-1　鉄道の運行を継続するための経営努力

方策	概要
①コストカット	人件費をはじめ運行に関わる様々な経費を削減すること。これが過度に行われると、人材不足によるサービス低下などをまねくことになる。
②内部補助	同じ企業の中で利益が出ている部門の黒字を、赤字の部門に入れることで運行を支えること。例えば、黒字の不動産部門の収益を鉄道部門に投入すること。
③外部からの支援	行政からの財政支援としての補助金や委託金を受けること。また、沿線企業や団体などからの寄付金や協賛金を受けること。

また、線路の修繕費や維持費などのコストを下げると、自然災害の際や緊急時に問題が起こる恐れがあります。

そのため、コストカットを行うことには限度があると考える必要があります。

次に、表3-1の②に示した内部補助について説明します。内部補助とは、事業者内において、例えば不動産部門などで得た収益を赤字の鉄道部門に投入することです。他の部門も鉄道と密接に関連していると考えると、この方式も成り立つといえます。しかし、他の部門で得た収益は、本来はそこの部門のお客さんなどに還元するのが望ましいことです。したがって、内部補助に大きく依存することは困難だと考えられます。

また、コロナ禍などでダメージを受けた事業者では、これまでの収益部門が縮小して、内部補助を行うことが困難になることも増えています。

続いて、表3-1の③の外部からの支援について説明します。鉄道事業者から見ると、自分たちの会社の外側にある、行政からの補助金・委託金などの財政支援や、沿線企業からの寄付金や協賛金などの資金的な支援が考えられます。特に近年では、行政からの支援について、様々な制度などの変更が進んでいます。特に政府では、国土交通省を中心として様々な支援方策についての検討が行われていることもあり、今後の動向に注目したいと思います。

また、滋賀県で導入について議論されている「交通税」(公共交通を住民全体で支えるための税制度のこと。欧州などでは交通税を財源として、様々な利用しやすい公共交通の仕組みができています)なども、この③に該当する施策だと考えられます。

さらに近年では、運賃の改定(料金の値上げ)を行うことで収入を増やす取り組みも行われています。しかし、値上げをすると利用者が離れることがあり、これも簡単に実施できるものではなさそうです。

世界では鉄道はインフラ

わが国の鉄道事業では、小林一三モデルで確立された鉄道経営ビジネスが功を奏して、かつては黒字の事業者が多くありました。今でも、東京都市圏などの大都市における鉄道は優良な経営が行われているものが多くあります。

一方、地方ローカル鉄道では、先に見たように96％の企業が赤字であり、運行を継続するために表3‐1に示したような努力を続けています。まさに「辛苦《しんく》是経営《これけいえい》」を体現しているのです。

しかし世界の趨勢《すうせい》はこれと違っています。ヨーロッパや米国などでは、公共交通事業はビジネスではなくインフラとして、公的なお金で支えられているのです。赤字の路線だからということで、コストカットしてサービス水準が低下し、利用者が減少する、というような状況におちいることなく、移動のサポートが必要な人々に、必要なサービスを提供する取り組みが行われています。つまり、公共交通はインフラとして人々の生活の足を支えるものとなっているのです。したがって赤字や黒字という収支で評価されることはありません。

これをたとえると、公共交通は、デパートのエレベーターと同様のものとして考えられているのです。デパートのエレベーターも、運行するためには電気代などの経費が必要です。

その経費はエレベーターを利用する人から徴収して、エレベーターの黒字化をめざす、ということは行われていません。エレベーターを設置・運営することで、お店に来たお客さんに、ストレスなく店舗内を移動して商品を購入してもらうことで、お店全体を黒字化するためにエレベーターがあるのです。

こうした考え方が、インフラとしての鉄道にもあてはまるのです。

鉄道を使って人々の移動が拡大すると、まちにとっても賑わいが広がっていきます。外出がしやすくなると、個人にとっても外出の機会が増えて、精神的にも身体的にも健康を維持することが可能になりそうです。

このように欧米では、鉄道をインフラだと考える社会になっています。このため、インフラである鉄道については、ストレートに赤字が問題とはならないようです。赤字よりも、もっと多くの人たちに利用してもらうためにはどうすれば良いのか、という議論になるのです。

3-3 地方ローカル鉄道の存廃問題と対応策

鉄道の存廃問題はバスなどの公共交通とは異なり、移動の手段としての価値だけで考えることはできません。この点については第1章でも述べている通りです。

鉄道の存在感は、鉄道が走る景観的な価値や、存在することで地域の安心感を育む機能、様々な思い出のシーンとの連動など、情緒的なものを喚起する力があります。

このように地方ローカル鉄道が担ってきたものには、人々の移動を支える機能だけでなく、存在することで拡がっていく、感情的な価値も含まれています。

したがって、地方ローカル鉄道の存廃の議論においても、移動を支える交通手段の視点だけでなく、様々な価値観や視点が交錯するため、議論がなかなか噛《か》み合わなくなることが多くあります。

さらに、鉄道は専用の線路や駅などの独自の施設群がないと運行できません。

この点を踏まえて、交通経済学・交通政策が専門の斎藤峻彦《たかひこ》・近畿大学名誉教授は「鉄道問題の厄介さは、鉄道のライバルである自動車(自家用車を含む)、航空機、船舶が身軽に市場参入や市場退出ができ、市場の細かな変化にも柔軟に対応できるのに対し、鉄道だけが鈍重な牛のような体質から逃れられない[2]」と表現しています。

続けて、斎藤氏は「航空機、自動車、船舶は品質や価格面で機敏に対応し、競争力を発揮できるのに対し、鉄道の場合はまずは大量輸送の獲得により鉄道インフラ保有に関わる巨額の固定費(インフラ管理に関わる人件費も含む)の回収に努めなければならない。(中略)固定費を含む総費用を前提に商業輸送を続けることには多くの困難を伴う」と述べています。

鉄道が「鈍重な牛」と表現されているように、鉄道インフラ(鉄道を運行するために必要な線路や駅などの施設群)を建設し維持していくためには、巨額の経費を必要とするので、鉄道という仕組みの変更は簡単にはできないと、斎藤氏は説明しています。

つまり、鉄道を存続させるためには、鉄道インフラに関わる巨額の費用を、誰がどのように負担するのかなどについて、冷静に考えることが必要になります。そして、斎藤氏の指摘から、一度廃線になると、その復活は極めて難しくなるということもわかります。

こうしたことを踏まえると、本章の最初で述べたように、一体どれくらいの経費がこの鉄道を運行するために必要になるのかを把握《はあく》しておくことが必要になります。鉄道を存続させるために必要となる費用の概要を把握しておくことは、存廃問題を冷静に考えるためのヒントになります。

さて、地方ローカル鉄道の存廃問題に対する対応策として、次の3つが考えられると思います。

①廃線(完全撤退やバスなどの代替移動手段の整備)
②知恵を出して現行の仕組みで維持・存続
③上下分離方式など経営形態を変えて存続

①の廃線については、既に多くの事例があります。

例えば、2018年3月末に廃線になったJR西日本の三江《さんこう》線は、延長108km、35駅もありましたが、利用者数が少ないことに悩まされてきました。沿線にある広島県・島根県の6市町を中心に、バスやオンデマンド交通の取り組みや社会実験を行ってきましたが、利用者数を抜本的に増やすことができず、廃線となりました。そして、廃線により移動が困難となる人たちのために、バスやデマンド交通の運行が行われることになりました。

また、鉄道としては廃線になっても、移動手段を確保するということで、幹線的な機能を持つバスの導入を行う場合もあります。2005年3月末まで営業を行っていた日立電鉄線（延長18・1㎞、14駅）の跡地を活用して「ひたちBRT」が運行されています。

さらに筑波鉄道筑波線（延長40・1㎞、18駅）は1987年4月に廃止されましたが、その大部分はサイクリングロードとして整備されています。鉄道の路線は急激な高低差がないために、自転車の走行に適している場合があるのです。

このように、全国で鉄道廃線後に、代替バス導入や、線路敷を活用した遊歩道や自転車道などの整備が行われているケースが少なくありません。

②の現行の仕組みで地方ローカル線を維持・存続している場合もあります。

そもそも、存廃問題が浮上するのは、当該鉄道の経営状況などが悪化しているからであり、現行の仕組みで存続させることは容易ではありません。しかし、例えば兵庫県加西《かさい》市の北条鉄道では、様々な知恵を出し合うことで利用者を着実に増やし、沿線市の財政的な支援を受けて存続することになりました。

北条鉄道（延長13・6㎞、8駅、うち7駅は無人）は兵庫県加西市と小野市を沿線とする地方ローカル鉄道です。北条鉄道株式会社は、1985年に旧国鉄から分離し、沿線の自治体などが出資してできた第3セクター方式の会社です。2019年度の輸送密度は700人であり、存廃問題が議論されてもおかしくない状況でした。

そして、長く利用者の伸び悩みが続き、経営も停滞していたのですが、2011年に川崎重工業の元副社長の佐伯武彦氏が、北条鉄道株式会社の取締役（2012年副社長、2015年加西市副市長）に就任したことで、地域とのコミュニケーションが一気に加速することになりました。

その効果は例えば、古い無人駅の改築に現れています。ボロボロだった駅舎も地元の有志の人たちの手でリニューアルされました。また、寄付金を集めてトイレの改修や自転車置き場の新設をするなど、これまで会社ではできなかった取り組みが、進められることになったのです。さらに各駅には、様々な一芸に秀でた人たちをボランティア駅長として公募することで、地域の人たちにとっても、親しみやすく安全な駅が実現されることになりました。

こうした活動を通じて北条鉄道の利用者は増加していきました。とは言え、運賃収入だけで鉄道の運行を維持することは難しく、行政からの財政支援を受けて運行を継続しています。

地域の人たちとコミュニケーションを続けることで、「マイ・レール、マイ・ステーション」意識が高まり、鉄道の存続については、議会をはじめ様々な意見が出ますが、廃線についての意見は出なくなりました。

北条鉄道は単線なので、1時間に1本のダイヤの運行が限界です。そのため、地域から要望が多くあった増便はなかなか実現できずにいました。しかし、佐伯氏の知恵と工夫で、ちょうど北条鉄道の全線の中間の駅となる法華口《ほっけぐち》駅に、無人型の行き違い交差設備をわが国で初めて導入(2020年)したことで、平日の朝と夜に増便して運行することが可能となりました。これにより利便性が高まり、利用者数の増加も実現しています。

図3-2の写真は北条鉄道の拠点となる北条町駅に掲示されている看板です。ここには「応援は年一回の乗車から　北条鉄道」と書かれています。北条鉄道の存続についても、様様な意見があるのですが、まずは乗車することが最大の応援になる、ということを市民の人たちに訴えているのです。北条鉄道の会社の姿勢がよくわかる看板になっています。

こうした知恵と工夫で、現行の仕組みで地方ローカル鉄道が存続できる場合があることも知っておいてほしいと思います。
③の「上下分離方式など経営形態を変えて存続」については、次節で説明します。

図3-2　北条鉄道北条町駅の「応援は年一回の乗車から」の看板(写真：加西市)

3-4　上下分離方式という存続方策

3-3で、斎藤氏が鉄道のことを「鈍重な牛」と形容して、「鉄道の場合はまず大量輸送の獲得により鉄道インフラ保有に関わる巨額の固定費(インフラ管理に関わる人件費も含む)の回収に努めなければならない。(中略)固定費を含む総費用を前提に商業輸送を続けることには多くの困難を伴う」と述べたことを紹介しました。線路をはじめとする鉄道施設を構築し、維持管理を行い、車両を安全に運行するためには「鉄道インフラ保有に関わる巨額の固定費」が必要となります。

この鉄道インフラを支える費用が足かせとなって、多少の利用促進を行っても赤字経営から抜け出すことができない地方ローカル鉄道も少なくありません。

では、この鉄道インフラを、文字通りのインフラとして鉄道経営から切り離して考えることはできないのでしょうか?

これが鉄道の上下分離方式の発想の背景にあるものです。運行(上部)を担う主体と、線路など鉄道インフラ(下部)を担う主体を分離することで、運行を続けるための負担を軽くすることを意図した方式なのです。

これは、路線バスにたとえてみるとわかりやすいと思います。

路線バスでは、バスの車両やドライバーなど運行に関わること(上下分離方式の上部にあたる)はバス事業者が責任を持っています。一方で路線バスが走行する道路(上下分離方式の下部にあたる)は、自治体などの道路部局が建設し、維持管理を行っています。そのために、バス事業者の収支に道路の管理費用などの影響はありません。

これと同様に、地方ローカル鉄道について、線路など鉄道インフラ(下部)を鉄道事業者の経営から切り離し、列車の運行に専念できるような環境をつくりだすことを意図したのが上下分離方式なのです。

図3-3は、わが国の上下分離方式で多く採用されている、公有民営型による上下分離方式の概要です。公有民営とは、下部の鉄道インフラを自治体など公共が保有し、上部の鉄道の運行については民間企業に委ねるものです。

上下分離方式では、上部と下部を担う事業者について、鉄道を運行する事業者（鉄道事業者）を第二種鉄道事業者、鉄道インフラを保有する事業者（自治体）を第三種鉄道事業者と呼んで、役割分担を明確にすることになっています。ただ、鉄道事業のどこまでが上部でどこまでが下部なのかについては、具体的に上下分離を行う際に、関係する自治体や鉄道事業者が協議して決めることになります。

では、第一種鉄道事業者とは何かが気になります。第一種鉄道事業者とは、鉄道の運行も鉄道インフラもまとめて保有し、鉄道を運行している事業者であり、ＪＲ各社や東急電鉄、小田急電鉄、阪神電鉄、阪急電鉄など多くの鉄道会社が該当します。

わが国における上下分離方式のスタートは、１９６８（昭和43）年に鉄道事業が始まった神戸高速鉄道でした。神戸高速鉄道ができるまでの神戸市の市街地では、阪急電鉄、阪神電鉄、

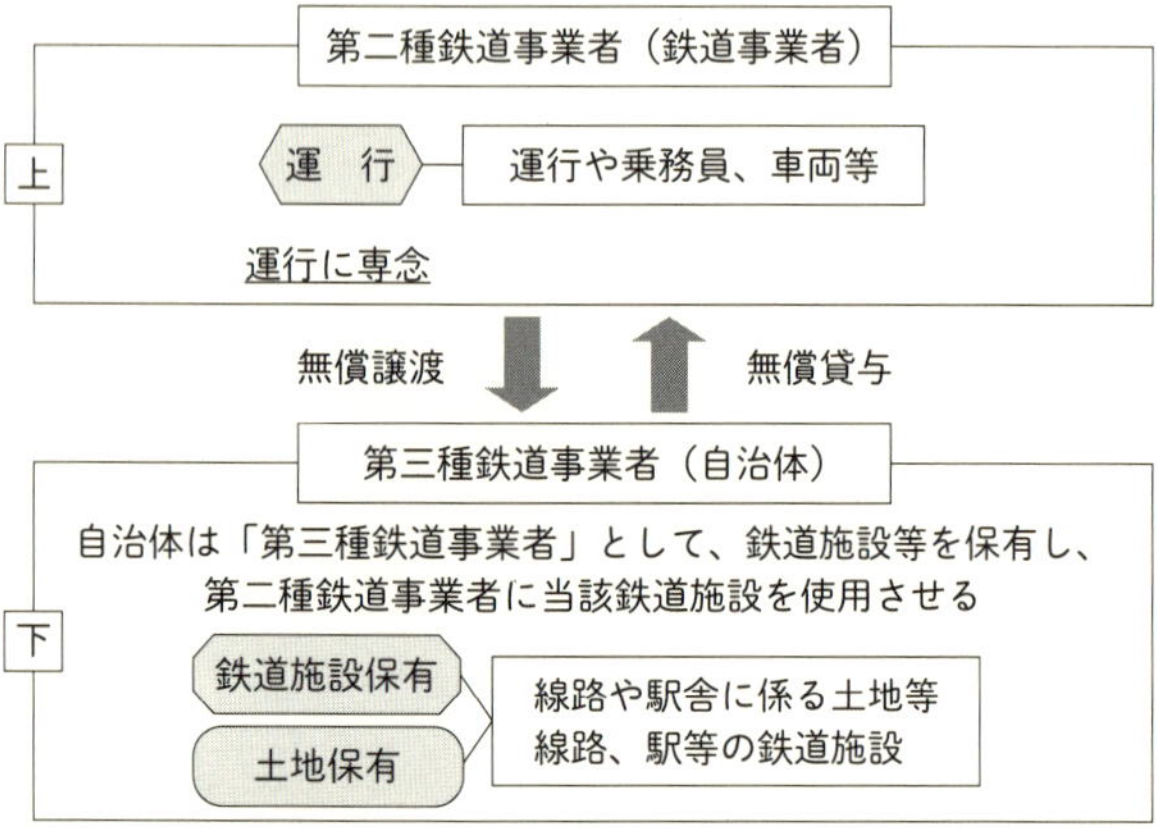

図 3-3　公有民営型の上下分離方式の例（滋賀県：第 7 回近江鉄道沿線地域公共交通再生協議会資料、2021 年 6 月より[3)]）

山陽電鉄、神戸電鉄の私鉄4社の路線が、それぞれバラバラに個別のターミナルを形成していたので、これらの鉄道を乗り換えて利用することが極めて不便な状態におかれていました。

そこで、これら私鉄4社の路線を地下で結び付けて相互乗り入れなどを行うことで、あたかも一つの会社の電車を利用しているかのような利便性の向上を図ることができたのです。

4社の鉄道を結びつけるために地下で鉄道の延伸を行い、この構造物を保有し、管理するのが神戸高速鉄道であり、上下分離方式に当てはめると第三種鉄道事業者ということになります。

そして、鉄道を運行する阪急電鉄、阪神電鉄、山陽電鉄、神戸電鉄が第二種鉄道事業者となるのです。

したがって、神戸高速鉄道は電車が通るための地下の構造物は持っているのですが、人々を運ぶ電車を持たない珍しい鉄道会社なのです。

この上下分離方式が地方ローカル鉄道の存廃問題解決の重要な対応策であることが、近年特に認識されるようになってきました。

上下分離方式を支える地域交通法

政府の交通部門を担当する国土交通省では、バスや鉄道が抱える厳しい現状に対して、人人の移動の仕組みを守り育てるための制度として「地域公共交通の活性化及び再生に関する法律」(略称、地域交通法)を2007年に創設し、そして様々な法改正を行って、この制度の充実を図ってきました。

地域交通法では、地域公共交通の望ましいあり方をまとめたマスタープランである「地域公共交通計画」の作成を全国の自治体の努力義務としています。

この地域公共交通計画を受けて、鉄道やバスなど様々な公共交通の計画を実現するために、政府が支援するメニューとして「地域公共交通特定事業」という制度が定められています。この地域公共交通特定事業の1つとして、「鉄道の上下分離」などを推進する「鉄道事業再構築事業」が位置づけられています。政府の政策としても、地域の人々の移動の仕組みを守り育てるためには、鉄道の上下分離等を推進し、支援することで、鉄道の持続可能性を高めて存続させていきたい、という方針が提示されています。

ただ、これまで取り組まれてきた上下分離方式の多くは、鉄道事業者の存続の危機が深刻になってからでした。

従って、上下分離は鉄道の「存続」を目的として実施されるものが多かったのです。しかし、「存続」だけが目的では再び経営危機に見舞われて、存廃問題が再び生じる恐れがあります。

存続の危機が深刻になる前に、先手を打って上下分離方式を実現すれば、経費が重い下部を切り離すことで鉄道事業者の経営に余力が生まれて、鉄道存続を踏まえて、沿線地域の行政や企業などと協働して、鉄道を活用したまちづくりの推進や利用促進策に取り組むことが期待できます。こうした良好な関係ができると、廃線の危機を繰り返すことからも脱脚できる可能性があります。これからの上下分離方式の導入は、まだ余力がある段階で実施することが期待されています。

近江鉄道では、まさにまだ多少の余力がある間に、鉄道再生を目指すための方法として上下分離方式を選択することで、沿線地域とも連携した活動を推進していける可能性がありま す。こうした観点から、近江鉄道が上下分離方式に取り組むことができれば、わが国の地方ローカル鉄道の再生に関するリーディングプロジェクトになることが期待できると考えられます。その内容について、くわしくは次章以降で紹介しましょう。

4.

近江鉄道のギブアップ宣言で
延命か再生か、
それとも廃線か？

4-1　ギブアップ宣言と、その受け止め方

第2章でも紹介したように、2016年6月に、近江鉄道株式会社の代表取締役社長（当時）の喜多村樹美男《きたむらきみお》氏などが、滋賀県大津市にある滋賀県庁に三日月大造《みかづきたいぞう》知事を訪問して「近江鉄道は、今後、民間企業の経営努力による事業継続は困難」だと表明しました。近江鉄道の会社から、鉄道の継続的な運行についての「ギブアップ宣言」が出されたことになります。

この時に同時に、近江鉄道の存続について滋賀県と協議をすることを会社は申し入れています。

沿線自治体をはじめ、多くの人々からは、近江鉄道は今まで赤字だとは聞いていたけれど、鉄道は普段通りに運行されているのだから、急に民間企業の経営努力での事業継続は困難だ、と言われても、「何故？」「今まで通りに継続できないのか？」などの反応が出てくることは容易に推測できます。

知事も沿線の市長・町長も、このギブアップ宣言は寝耳に水のようなものでした。大変に驚くとともに、なんとか会社の方で頑張って運行を続けることができないのか、という反応も少なくはありませんでした。

沿線市町の受け止め

２０１６年６月に滋賀県に対して、近江鉄道は事業継続が困難であると伝えましたが、同様に、同年９月〜10月には沿線の10市町に対しても経営状況を説明し、鉄道存続に向けた協議を申し入れています。

滋賀県に対するギブアップ宣言を各市町も聞いていたのですが、実際にギブアップ宣言を直接されて大きな衝撃を受けることになりました。

そして、近江鉄道について、沿線市町からはこんな声も聞こえてきました。

「近江鉄道は会社全体で見れば、バス関連事業やサービスエリアの受託事業などで黒字になっていると聞いている。そうだとするなら、会社全体の黒字で赤字の鉄道を支えることはできないのか」

「近江鉄道株式会社の会社全体の売上は約66億円である、そのうち鉄道部門は約8億円(12%)ほどなので、企業の売上全体に占める割合は1割程度のようだ。そうすると内部補助で切り抜けることができるのではないか」

「近江鉄道が会社として赤字の鉄道を支えるのが難しいのであれば、親会社の西武鉄道に助けてもらえばいい。そもそも西武鉄道の創設者の堤康次郎《つつみやすじろう》氏は、近江鉄道沿線の出身だ。窮状《きゅうじょう》を丁寧に説明して援助を求めればいいのではないか」

「事業継続は困難ということだが、近江鉄道の廃線は困る。近江鉄道を利用している市民・町民の足の確保をどうすればいいのか」

「私たちの市や町の税収は決して潤沢《じゅんたく》にあるわけではない。近江鉄道の存続のための支援を求められた場合に、このための予算を捻出することができるかどうか不安だ」

「ギブアップ宣言とは言うものの、できればなんとか企業として努力をして、近江鉄道自身によって鉄道の運営を継続してもらいたい。そのための創意工夫の余地がまだあるのではないか」

「ギブアップ宣言に至るまでに、十分な協議や意見交換もなかった。唐突なギブアップ宣言は、かなり身勝手ではないか」

まさに、近江鉄道の存廃をめぐる沿線市町の不安と不信感が一気に吹き出した感がありま す。

そして、これらの声はギブアップ宣言以降、様々な会議などでも、繰り返し出てくるものでした。こうした意見が何度も出されてくる背景には、県や沿線市町と近江鉄道との間のコミュニケーション不足が長く続いていたことによる不信感が横たわっていると考えられます。

ギブアップ宣言から実態の把握と協議の段階へ

近江鉄道のギブアップ宣言に対して、滋賀県をはじめとする沿線の市町と近江鉄道によって存廃についての協議の場が設置されました。鉄道の存廃を議論するためには、鉄道経営について理解しておく必要があります。しかし、滋賀県や沿線市町では、甲賀市を除いて鉄道経営について詳しい担当者がいないのが現状でした。

唯一、甲賀市では、市内に路線を持つ信楽《しがらき》高原鐵道《てつどう》が第3セクター方式で運行されているので、鉄道の経営内容についても理解されていました。ただ、公営に近い運営をされている信楽高原鐵道に関する知識と経験が、完全に民間会社である近江鉄道にそのまま通用するかどうかはよくわからないところがありました。

そこで、ギブアップ宣言から7ヶ月後の2017年1月から、沿線10市町の交通担当部局、滋賀県の交通政策担当課、近江鉄道株式会社の主要なメンバーなどから構成される「近江鉄道に関する勉強会」がスタートすることになりました。

この勉強会では、近江鉄道の鉄道施設の現状、輸送人員や経営に関する状況などについて近江鉄道株式会社からの報告などがあり、それを基に意見交換が行われました。

沿線市町の行政担当者の人たちと近江鉄道の会社の人たちが、鉄道の実態について、共通した認識を持つことが、この勉強会の目的でした。この勉強会は2018年2月までの間に合計8回開催されました。

このおかげで、少しずつお互いの考え方の違いの背景や、行政が政策を実現するために気になる点などが共有されるようになりました。

ここで、行政が政策を実現するために実行される一般的なプロセスについて、簡単に紹介しておきたいと思います。

例えば、沿線の人々に対して近江鉄道の利用を促進するために、近江鉄道の利用に関するポスターを自治体が作成しようとする場合に、どんなプロセスが必要となるか考えてみましょう。

まずは、ポスターを作成する仕事を担当する人を決めます。もちろん、他の仕事も兼任することが多いと思いますが、仕事を進める上では担当者が必要となります。

次にポスターを作成するための印刷費などのお金を確保します。このことを予算を確保する、と言います。

予算の多くは税金から配分されますから、予算の必要性を議会などで説明できるようにしなければなりません。また、予算を作成する時期に間に合わないと予算の確保ができなくなります。

予算を作成する時期は毎年決まっていますから、その時期に、こうした政策を実施したい、それにはこれくらいのお金がかかる、ということを説明して、最終的には議会で了解を貰うことで、予算が配分されます。こうして確保した予算は、通常は翌年度に実施します。今、こんな活動がしたい……と言っても、実際の予算の執行は次の年になるわけです。そして、事業が終わってから、どんな効果があったのかを議会や市民に報告することになります。

近江鉄道の存続などの議論や、行政として利用者の増加策の推進などを行う場合も、県や各市町では必要となる予算額を確定し、その翌年度に執行することになります。ですから、きちんとしたスケジュールを立てて、存廃の議論を進めないと、せっかく決めた良い方針も絵に描いた餅《もち》になるおそれがあります。

4-2 近江鉄道の努力と存続の価値を見出す

実は輸送人員は増えていたが赤字は増加

第3章で紹介した図3-1にあるとおり、輸送人員が最も少なかった2002年度の369万人と比較すると、2019年度は475万人と100万人以上も増加しています。

図3-1-1を見ると、大きな傾向として輸送人員は右肩下がりの傾向にあるので、近年もずっと減少傾向にあると直感的に考えがちですが、実際は100万人以上の増加があるのです。

輸送人員が増加すれば、当然運輸収入も増えて赤字は減少すると考えられます。確かに図3-1-2からは、2005年度頃から運輸収入をはじめとする営業収益が増加していることを読み取ることができます。ただ、一方で営業費用が営業収益に比べて大きく増加していることもわかります。

営業費用には、これも第3章で述べたように、人件費、修繕費(線路、電路、車両)、動力費、運送諸経費、諸税、様々な管理費などが含まれています。近年は人件費や動力費の高騰《こうとう》に加えて、近江鉄道の場合は開業から120年が経過していることもあり、鉄道施設の老朽化が深刻となり、修繕費も増加傾向にあります。

これらの影響で営業費用は上昇することになり、輸送人員が増加しても、営業損失としての赤字が毎年数億円単位で増加しているのです。

そして、こうした状況を踏まえて近江鉄道では2016年にギブアップ宣言が出されたわ

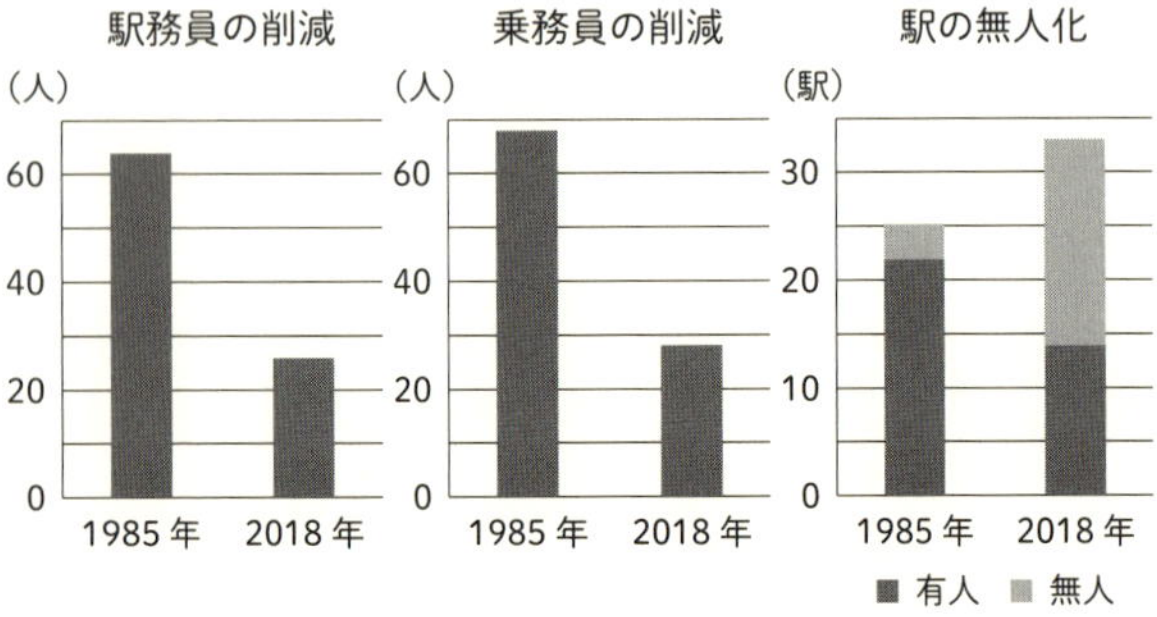

図 4-1　近江鉄道の営業費用を抑える努力(滋賀県資料[1])

けです。

ギブアップ宣言に対して、近江鉄道が自立できるように考えるためには、①営業費用の削減、②輸送人員の増加に取り組むことが不可欠となります。

営業費用を抑える努力

ここでは、まずはこれまで近江鉄道が取り組んできた、営業費用の削減策について確認したいと思います。

１９９４年に赤字経営になって以降、近江鉄道では営業費用を抑えるための様々な努力が行われてきました。

図４-１を見ると、１９８５年度から２０１８年度までの間に、駅で仕事をする人を減らす、電車の運転をする人を減らす、そして駅を無人化するなど、人件費の総量を抑える努力を続けてきたことがわかります。

ただ、図4-1に示したように営業費用を抑えることで、様々なスタッフが減少することになります。これは利用者に対するサービスの低下を招く恐れがあります。こうした費用の削減は、利用者から見て望ましいものでしょうか？　駅などでのサービスが低下すると鉄道の利用から離れる人も出てくることが考えられます。

また、駅のスタッフの数に余裕がないと、緊急時の対応などが後手に回る場合がありそうです。これらのことを考慮すると、経費削減策として営業費用を抑えることには限界がありそうです。

そして、こうした営業費用を抑える努力の積み重ね以上に、施設の老朽化や燃料費の高騰などの要因で営業費用は増加傾向となっているため、収支の悪化が進んでいるのです。

利用促進などの収入増加策

近江鉄道では増収策として、様々な割引チケットの販売、電車を使ったハイキングの実施、近江ビア電や地酒電車などのイベント列車の運行、「鉄道むすめ」の豊郷《とよさと》あかねグッズの販売など、様々な取り組みが行われてきました。

イベント列車の運行は近江鉄道に親しみを持ってもらい、知名度を上げることには効果がありますす。しかし、事前の準備や、実施に伴う人件費などを考えると、これらの事業ごとの収支では黒字化することが困難なものが多いのが実情です。近江鉄道の収支を改善するまでは至らないものがほとんどなのです。

こうしたイベントなど多様な取り組みの一方で、近江鉄道では利用促進のために駅の新設が行われてきました（表4-1）。

2000年以降に開設された駅を見ると、フジテック前駅（2006年開設）で乗客数は340人/日、スクリーン駅（2008年開設）で348人/日の利用があります。フジテックはエレベーターやエスカレーターなどを製造するメーカーです。また、スクリーンは半導体やディスプレイ装置などを製造するメーカーで、どちらも近江鉄道沿線に大きな事業所が立地しています。

そして、この2駅はそれぞれ駅名となっている企業が、従業員の通勤などに活用することを目的に開設されたものです。

こうした駅の設置が輸送人員に及ぼすインパクトを考えてみましょう。

表 4-1　近年開設された新駅と乗客数（2015 年度、滋賀県資料[1]）

駅	路線	開業年	1日あたり乗客数
水口松尾	水口・蒲生野線	1989 年	52 人
水口城南	水口・蒲生野線	1989 年	567 人
大学前	水口・蒲生野線	1990 年	80 人
京セラ前	水口・蒲生野線	1991 年	37 人
河辺の森	湖東近江路線	2004 年	12 人
フジテック前	彦根・多賀大社線	2006 年	340 人
スクリーン	彦根・多賀大社線	2008 年	348 人
ひこね芹川	彦根・多賀大社線	2009 年	119 人

ここで、340人／日の乗客数の半数170人／日が通勤定期で鉄道を利用する場合の、年間の輸送人員を試算したいと思います。定期券は1日で往復2回利用されると想定して、近江鉄道では通勤定期は1ヶ月で30日の利用と定めています。すると1ヶ月で60回の利用となり、年間であれば60回×12ヶ月、つまり720回の利用になります。

1人の定期券利用者の年間利用が720回になるのです。仮に170人が通勤定期券を使っているとすると、170人×720回で、なんと12・2万人／年もの輸送人員になるのです。

これだけでなく、340人の残りの半数である170人の人たちも回数券や普通の乗車券などで利用することになるので、12・2万人に、こうした人たちの利用分が加算されることになります。

したがって、沿線の事業所と連携した新駅設置などの取り組みは利用促進に大きな効果があることが確認できます。

こうした新駅の効果が、実際にどんなものかを把握《はあく》するために、2002年度と2019年度の利用券種別の輸送人員を見比べたものが表4-2です。

図3-1-1を見ていると、輸送人員の大きな傾向は右肩下がりなので、近年も輸送人員は減少していると思い込みそうになりますが、事実は表4-2のように2002年度→2019年度の17年間に107万人/年も増加しています。

表4-2　近江鉄道の券種別年間輸送人員

	2002年度	2019年度	差
通勤定期	66万人	150万人	84
通学定期	144	167	23
定期外	159	159	0
合計	369	476	107

近江鉄道資料に基づき、著者作成

この増加は、何によってもたらされたものなのでしょうか?

表4-2に答えがありますね。まず通勤定期の利用者が84万人/年も増加しています。次いで通学定期券が23万人/年の増加となっています。そして定期外(普通に乗車券・回数券を買って利用する人たち)は変動がありません。

通勤定期の利用者が84万人/年の増加となった背景には、表4-1で見たように、フジテック前駅やスクリーン駅の開設が大きいことがわかります。実際に近江鉄道の資料[2)]でも、この2駅の開設で年間59万人の輸送人員の増加があったと報告されています。しかし、もう少し考えてみると、この2つの新駅だけでなく、他にも沿線の企業への通勤のために近江鉄道が使われていることがわかります。

通学定期の利用者が増加したのは、県立高校の通学区域の設定の変化などが影響しているものと考えられます。

一方で買い物、通院、レジャー、観光、それに業務目的などの利用が含まれる定期外の利用は、17年前と変わっていないことがわかります。

さらに表4-2を見ると、利用者割合は、通勤がおよそ1／3、通学が1／3、そして定期外も1／3となっていることがわかります。

これは近江鉄道の特徴だと言えると思います。

通勤や通学の利用が多いということは、高齢者よりも、15歳以上64歳までの生産年齢人口の利用が多いということです。

こうしたデータを見ると、近江鉄道は沿線の人々の雇用を支え、教育を支えている鉄道であるという性格が明確になってきました。

このような分析を行うことで、近年の輸送人員の増加傾向を前提とすると、利用促進を図るためには、沿線の企業との協働や、高校との協働を進めるのが望ましいことが明らかになってきます。

こうした実態の把握は、近江鉄道の存廃を議論する際の明るい材料を提供するものになりました。

4-3 衝撃→不信→結束、関係者はどう前を向いたのか

近江鉄道による「これ以上、民間企業の経営努力による事業継続は困難」というギブアップ宣言は、滋賀県や沿線の10市町の知事・市長・町長をはじめ行政担当者に大きな衝撃を与えました。

今まで行政(県、市町)では考えたことがなかった「近江鉄道の存廃問題に道筋をつける」というボールが、会社の側から行政の側に飛んできたのです。

ただ、多くの行政側の願いは、まずはなんとか近江鉄道に頑張って存続して欲しいというものでした。こうした意見は、何度も繰り返し出されてきました。

ギブアップ宣言の意味を考えると、近江鉄道株式会社から見れば、行政側が近江鉄道の存続を必要とするならば、そのために必要な支援策を考えて欲しいということになります。

しかし、行政側から見ると、これまでは近江鉄道という企業の赤字の問題であり、特に行政としては気にすることがなかった鉄道の存廃問題がいきなり自分ごとになってきたのです。「我が自治体は予算が乏しい状況なのに……」「我が市は近江鉄道の一部が通っているだけなのに……」「実際にどんな人たちが使っているのかも十分に把握していないのに……」「急に近江鉄道の存廃問題に向き合うことになってしまった……」。

こうした行政側からの、嘆きの声や不信の声があちらこちらで聞こえる状況でした。

しかし、いくら嘆いても状況を打開することはできません。

沿線の10市町が、それぞれ個別に対応策を考え、対応するような類の話ではないのです。

というのは、近江鉄道の電車の車庫は、本社がある彦根にあります。この彦根市と路線の北端にある米原市を除く8市町は南側に続くことになります。つまり、沿線の途中の市町で廃線になると、その先には電車がたどり着くことができなくなるのです。

10市町が結束して、この問題に取り組む以外に方策はなさそうです。

幸いなことに、近江鉄道は4-2で見たように、様々な努力を続けており、輸送人員は増加傾向にあり、まだ多少の「余力」が残っているときにギブアップ宣言を出したのです。

行政側からは、多少の「余力」があるのなら、自分たちで事業を継続すべきであり、本当に困ってから相談に来るべきではないか、という不信感を持った意見も出ました。

しかし、このタイミングでのギブアップ宣言は、極めて重要なものであったと思います。

というのは、地方ローカル鉄道の今後を考える際、単に存続できれば良いという「延命」を目指すのではなく、多少の余力を前提に、存続することで地域の人々の移動を支え、魅力あるまちをつくるための「再生」を目指すことが望ましいからです。

延命を目指しても、何年か後には、再び存廃問題が発生するおそれがありますが、「再生」を目指すことで、地域に不可欠な鉄道としての役割が定着することが期待できます。

わが国の地方ローカル鉄道の存廃問題について実施されたプロジェクトの多くが、廃線直前の取り組みであったことも影響して「延命」を目指すものでした。

これに対して、近江鉄道は、まだ余力が多少あるタイミングでギブアップ宣言を行ったことで、鉄道の「延命」ではなく、「再生」をめざすリーディングプロジェクトを担うことになりました。

鉄道事業者である近江鉄道株式会社と沿線の行政とは、これまではコミュニケーションが乏しかったこともあり、不信感のあることが前提でギブアップ宣言以降の意見交換が行われてきました。しかし、意見交換を重ねることに加えて、地方ローカル鉄道における再生を目指すリーディングプロジェクトだという意識を共有することで、次第に行政と近江鉄道とが結束することができるシーンも増えてきました。

そしてこの努力が、次のステージである任意協議会の立ち上げ、そしてそこでの議論を受けて法定協議会の開催につながっていくのです。

5.

近江鉄道存廃について
白熱の議論

――任意協議会はじまる

２０１６年の近江鉄道からのギブアップ宣言を契機として、これまで鉄道について意見交換が十分ではなかった、滋賀県と沿線の10市町と近江鉄道のそれぞれが参加して、鉄道の状況について話をする場として「勉強会」が立ち上げられました。ここでは、近江鉄道の厳しい経営の現実と、それでも様々な努力が行われていることについての紹介などが行われました。

ただ、この勉強会で存廃の議論をいつまでも続けていくことはできません。というのも、時間の経過と共に鉄道から発生する赤字の額が積み上がっていくからです。そこで、できるだけ早く、気になる点についての議論を深めて、そこで共有した認識を踏まえて、近江鉄道の存廃について決めていくことが必要になります。特に鉄道の性質上、存廃について様々な法律や制度に基づいた決定を行わなければ実現できません。

鉄道の存廃に関して、法律や制度に基づいて議論を行い、決定するための公式の場があります。その場が地域交通法に定められた「法定協議会」です。この法定協議会の内容については、次章で詳しく紹介したいと思います。

この章では、法定協議会の議論の前段となる、法律・制度には特に準拠しないけれども協議する場として設置された「任意協議会」における近江鉄道の存廃に関する議論を整理し、法定協議会を設置するための議論の内容について紹介します。

なお、任意協議会で出された様々な意見は近江鉄道だけにあてはまるものではなく、他の多くの地方ローカル鉄道の再生の取り組みの過程でも、類似の意見が出される可能性が多くあるように思います。その意味では、今後の地方ローカル鉄道の再生を考える材料にもなるので、できるだけ現場の雰囲気をそのまま伝えられるように書いていきたいと思います。

5-1 任意協議会と地域公共交通総合研究所の報告書

任意協議会の設置

任意協議会という会議の名前は、特に法律や制度で決められたものではありません。正確な名称は「近江鉄道線活性化再生協議会」なのですが、名前が長いこともあり、近江鉄道の存廃を議論する際にも「任意協議会」と略して呼ばれています。そこで、この章でも、任意協議会という名称を使いたいと思います。

任意協議会は、近江鉄道の経営についても様々な議論をする場となりました。一般市民の方々や報道機関にも公開されていました。また、協議会の議論の様子は、滋賀県のホームページ上の「近江鉄道線のあり方検討[1]」で議事録が公開されていますので、関心があれば、ぜひご覧ください。

任意協議会のメンバーは、会長を滋賀県土木交通部管理監として、沿線5市5町の交通政策系や総合政策系の部長・課長、近江鉄道株式会社の部長、交通政策や都市政策を専門とする3名の学識経験者と、鉄道再生などについての専門家である地域公共交通総合研究所のメンバー、そしてオブザーバーとして国土交通省の人たちで構成されています。近江鉄道の存廃について、会社と行政機関だけでなく専門的な見地からも意見交換をして、より深い認識を得ようと配慮された構成になりました。

この協議会における議事の進行役として座長が決められて、筆者がその任に当たることになりました。

任意協議会は2018年12月から2019年7月までの間に6回開催されました。8ヶ月の間に、なんと6回の開催となったわけです。こうした協議会の開催にあたっては、日程調整、議題の整理、協議資料の作成、当日の会議、そして議事録の作成と確認などの作業が必要になるにもかかわらず、任意協議会はかなり高い頻度で開催されたといえます。

開催頻度が高かったことには理由があります。任意協議会では議論の期間として設定されたタイムリミットがあったことです。

タイムリミットが設けられたのは、2019年度中に法定協議会を開催する必要があったからです。この背景には、少しでも早く近江鉄道存廃の方向づけをしないと、赤字額が時間と共に積み上がっていく、という事情に加えて、近江鉄道の安全運行を支えるために、レールの取り替えなど鉄道施設の工事を国の補助金で実施する「鉄道軌道安全輸送設備等整備事業」が2021年度で終了する予定になっていたということがあります。このため、次の整備事業の計画を2021年度内にまとめないと、安全運行に関する国からの補助金が止まってしまうおそれがあったのです。したがって、2021年度までに存廃の議論をまとめ、近江鉄道の方向を定めることが必要でした。

このタイムリミットについては、任意協議会で参加者から「安全輸送の補助金の関係で、2019年度中には任意協議会の議論を踏まえて法定協議会に進んでいきたい」という主旨の発言がありました。

さらに、会議において、「滋賀県も沿線市町も、そして近江鉄道もまだまだ相互に理解が十分ではないので、まずは相互理解を深めること。そして近江鉄道についての現状と今後のあり方については、鉄道再生の専門家である一般財団法人地域公共交通総合研究所(以下、地交研)の力を借りて、近江鉄道の現状の整理や廃止になった場合の代替手段の導入についての理解を深める場としたい」との意見がありました。

5-2 「地域公共交通ネットワークのあり方検討調査報告書」の概要

地交研は岡山県に本社がある両備グループ(代表理事:小嶋光信氏)が設立したシンクタンクです。両備グループの中には、実際にバス、路面電車などを経営している会社が含まれています。これまでに、経営が苦しかった南海電鉄の貴志川線を、2006年から「猫の駅長」さんの「たま」で有名な和歌山電鐵《でんてつ》として再生させるなどの実績を持っています。

こうした鉄道やバスの運営や経営を熟知したスタッフが、学識経験者などと共にシンクタンクとしての地交研の活動を支えているのです。そんな地交研には、全国各地からバスの経営再建や鉄道再生、上下分離に関する相談があり、これらを適切に再生に導いた実績とノウハウが蓄積されています。

したがって、今回、近江鉄道の任意協議会のために取りまとめられた「地域公共交通ネットワークのあり方検討調査報告書」(略称、地交研報告書)でも、鉄道廃線後の代替バスの導入に関する費用などは、実務的な視点から算出されており、信頼性の高いものになっています。

地交研報告書は全体で99頁とボリュームがあるものなので、ここでは特に鉄道存廃の議論を進めるうえで重要だと考えられる3点について紹介しておきたいと思います。

その3点とは以下のとおりです。

①近江鉄道の費用構造
②他の手段への転換の検討
③鉄道の存続を支援する仕組み

①近江鉄道の費用構造

まず鉄道の存廃を議論するためには、どんな費用がかかり、どこに多く使われているのかということと、それらの費用が毎年どのように変化しているのかを把握《はあく》する必要があります。

地交研報告書では、近江鉄道の費用のうち割合が大きなものには、人件費と減価償却費（鉄道施設などへの投資に応じた費用）があることを明らかにしています。また、近年は修繕費（線路修繕費、電路修繕費、車両修繕費）や動力費が増加傾向にあるとしています。

これらの費用の増加が大きくなったので、2016年度頃までは毎年2～3億円の赤字だったのですが、2017年度には3・6億円と次第に赤字幅が広がってきていることがわかりました。地交研報告書では、今後はさらに修繕費の増加などが見込まれることから、赤字の額がさらに大きくなると想定しています。

この分析から、鉄道を現状のままにしておくと、一層の赤字が積み上がっていくので、その対応策を実施するのか、それとも廃線にするのかについての判断が必要になると考えられます。

②他の手段への転換の検討

地交研報告書では、近江鉄道が廃線となった場合に、替わりの移動手段として、バス、BRT、LRTの3つが検討されています。

ここでは、地交研報告書でも最も力を入れて説明されている、鉄道からバスに転換する場合について紹介したいと思います。

近江鉄道が廃線になったと仮定して、替わりにバスを運行する場合に、できるだけ近江鉄道に近い既存の道路をバス路線として、現況のダイヤに近いバスの時刻表を作成して、これに基づいて必要となるバスの車両数や運転者数を推計しています。さらに、バスを運行するための初期投資費用として、営業所・車庫の用地確保、車両の購入費用、バス停留所の開設費用、運行管理システムの導入費用などをまとめています。

この結果、バスに転換するための初期費用が約30億円、年間運行経費が約11億円になると算定されています。近江鉄道の年間の営業費用が約15億円なので、バスに転換すると7割ほどに費用は抑えられます。ただ、初期費用の30億円が新たに必要になるので、鉄道を廃線にして、バスに転換する方が割安ということにはならないようです。

しかも、これまでの地交研の様々な取り組みの経験から、鉄道からバスに転換する利用者は6割程度（利用者が4割減少）と想定されるようです。そうすると、収入も4割減となるので、収支の大幅な改善も難しいと想定されます。

さらに、近年では、バスの運転士不足が深刻化しています。今回の計算で必要な運転士数は111人と試算されていますが、これだけの人数を新規で採用することも、高いハードルとなることが想定されます。

そして、バス以外のBRTやLRTへの転換は、バス以上に費用がかかるというまとめになっています。

こうした分析から、鉄道を廃線にするよりも、存続させる方が負担が少ないことが明らかになりました。

この分析結果は極めて重要で、人々の移動を支える方法として、既存の鉄道を維持していくことの重要性を認識することができたように思います。

③鉄道の存続を支援する仕組み

先に見たように、現状のままでは近江鉄道の収支は時間と共に悪化していきます。それでも鉄道を存続させるためには、なんらかの方法で行政からの支援を受けることが不可欠となります。また、鉄道を廃止し、替わりの移動手段に転換すれば費用がさらに増大することがわかりました。

こうした点を踏まえて、地交研報告書では鉄道を存続させた場合の「効果」と「課題」、鉄道を廃止した場合の「効果」と「課題」についての整理を次のように行っています。

■鉄道を存続させた場合

●存続の効果

- 自家用車を利用しない人たちの「生活の足」を確保できる
- 駅を交通結節点とする等、公共交通を中心とした「まち」の構造が維持できる
- 地域のイメージや知名度、住民の誇らしさ等、定量的評価が難しい効果が得られる
- 高齢者が安心して運転免許証を返納できる

・高齢者の外出機会を増やすことができる
・他地域から、一定規模の人を集める装置として活用できる
・他の交通手段に比べて定時性が高い
・他の交通手段に比べて環境負荷が低い

●存続の課題

・輸送人員が近年は増加傾向にあるが、将来の人口減少に伴い輸送人員が減少すると見込まれ、厳しい経営が継続する
・施設の老朽化により、維持管理経費が増大する
・主に技術系職員の人材確保が難しい
・沿線地域住民への利用促進活動がより一層必要になる

■**鉄道を廃止した場合**

●廃止の効果

- 鉄道の廃線を利用して新たな施策(例えば、自転車道等)ができる
- 鉄道の代替手段としてバスを導入する場合、車両購入など初期投資はかかるが、運営費用は低減できる

●廃止の課題

- 「まち」の顔と言える駅が機能を停止することで、「まち」の姿が崩壊する。駅前は衰退し、寂れた空間となり、地域イメージの悪化をもたらす
- 自家用車を利用しない人たちの移動手段が消滅する

・地域への来訪者が減少し、賑わいが減少する
・人々の移動手段が鉄道から自動車に転換するため、交通事故、渋滞《じゅうたい》、環境問題などが深刻化する
・高齢者・年少者など自動車を運転しない人たちのために送迎交通が必要となり、それを支える人たちの負担が増加する
・一般的に鉄道廃止後の代替交通(バス)の利用者数は鉄道と比べて6割以下に減少するので、運賃収入で運営することも難しく、維持費用がかさんでしまう

以上の整理から、鉄道を存続させる場合の「効果」と、鉄道を廃止する場合の「課題」が大きいことがわかります。

これにより、地交研報告書では、鉄道を存続させる方策として、近江鉄道がこれまで以上に経営努力を行ったうえで、近江鉄道の費用負担を軽減する方法として、滋賀県を含めた沿線市町による公有民営の上下分離方式での存続が望ましいとしています。

この考え方に基づいて、上下分離方式における第2種鉄道事業者は、これまでの運行実績をもとに、近江鉄道株式会社が望ましいとしています。また、第3種鉄道事業者としては、公的な性格を持つ非営利型一般社団法人の施設保有機構を設立することが望ましいと提案しています。これは近江鉄道の路線が沿線5市5町と広い地域にまたがっていることから、沿線の自治体が鉄道施設を個々に保有するのではなく、鉄道施設全体を保有する仕組みとして、この機構に県や市町が参加することが提案されたものです。

非営利型一般社団法人は、純粋な公的組織ではないのですが、既に国は公的組織として公有民営方式と同様の取り扱いを認めているということも、この方式が提案された大きな要因になっています。

5-3　存廃問題の最大の焦点と、さらに続く白熱議論

以上のように、地交研報告書では近江鉄道の存廃について、存続させることを推奨し、存続形態としては公有民営型の上下分離方式を提案しています。

この地交研報告書を、沿線の市町はどのように受け止めたのでしょうか？
ここで市町などから、鉄道の存廃に関する様々な意見が出されました。
まずは、地交研報告書で鉄道の替わりの移動手段として、バスの導入などの説明があった時に、沿線市町の委員から、次のような意見が飛び出すことになりました。
——そもそも鉄道の存続を議論する場において、鉄道の廃線を前提とすること、そして鉄道に替わる移動手段についての話をすることは、この協議会にふさわしいことなのか
——これだと、鉄道の廃線を推進していると市民に誤解を与える
——鉄道からバスに転換すると利用者が約6割まで減少するということだが、残りの4割はどのような手段で移動するのか
——バスと鉄道を比較する場合に、降雪時の対応や、国道8号の慢性的な渋滞を考えるとバスへの転換にはリアリティがない
こうした意見を踏まえて、任意協議会では近江鉄道の廃線を目的に議論しているのではなく、仮に廃線になった場合の対応策について議論しているのだ、という認識を共有することができました。

さらに、こうした意見に続いて、近江鉄道が廃線になった場合に起こる問題について、様様な発言が行われました。

市内に近江鉄道の駅が13か所ある東近江市からは、廃線で生じる影響について、次のようなことが列挙されました。

――現在でも朝夕の時間帯の交通渋滞は深刻になっている。廃線すると鉄道から自動車交通への転換や送迎バスの増加によって、渋滞がさらに厳しくなり、市民生活に多くの影響があることが想定される

――バス運転士の確保の問題。近年、市内の路線バスやコミュニティバスの運営事業者から、深刻な運転士不足について相談を受けている。全国的に不足している中で、鉄道の替わりのバスを新たに導入するとなると、運転士を確保できるのか心配だ

――駅前の賑わいが維持できるのか？　現在、駅を中心とした賑わいが再生しつつあるが、近江鉄道が廃線になると大きな影響が出る

――通学の問題。市内には複数の高校があり、市外の高校へ通学する生徒も多い。これらの高校生の移動手段として近江鉄道が機能している。廃線になると、移動手段がなくな

るだけでなく、進学先、通学先にも影響が出てくる
――市内に立地するびわこ学院大学への影響が危惧される。最寄り駅が「大学前駅」であるが、これがなくなると学生の募集、大学経営にも影響する
――観光面でも影響がある。新八日市駅のように、駅自体が集客効果を持つものもある。近江鉄道が廃線になれば、本市の観光戦略なども抜本的に見直しを迫られる

また、町内に1駅しかない多賀町からは、廃線の影響について、次のような指摘が行われました。

――町外から町内にある工業団地への通勤は、路線バスの混雑により近江鉄道の利用者が増加している。鉄道が廃線になると、別の通勤手段を確保する必要が出てくる。快適な通勤が困難になると雇用の確保まで問題が拡がる

この他、複数の市町から、廃線に伴う様々な問題が次のように指摘されました。

――近江鉄道は高齢者の通院に使われているので、廃線になると、そのサポートをする必要が出てくる
――近江鉄道を使って通学することが困難になると、単に通学の問題だけではなく、人口

流出の問題につながる恐れがある

実際のところ、市町の人たちからは、近江鉄道の存廃問題について「近江鉄道の会社の努力で存続すべきで、努力が足らないのではないか」という声は少なくありませんでした。しかし、こうして近江鉄道が廃線になることで発生する問題点を、市町の人たちとの間で議論し、内容を深めていくと、廃線は単に鉄道会社の問題ではなく、沿線の各市町のまちづくりに関わることだ、という認識が拡がっていくことになりました。

こうした任意協議会の議論を通じて、これまでの最大の焦点として横たわっていた「存続か、廃線か」という分かれ道については、「廃線はやむを得ない」という声はなくなっていきました。

むしろ、地交研報告書を前にして、次のような発言が市町から出るようになりました。

――市として、近江鉄道を存続させることについて目立った反対はない

――廃線にすることで、鉄道から自動車に交通手段を転換する人が多数想定される。そのため、現状でも渋滞が問題になっている国道8号への負担がさらに大きくなることが危惧される。そして道路を拡幅しようとすれば、巨額の費用がかかってしまうので、鉄道

を廃線にすることはできない
地交研報告書にあるように、鉄道からバスに転換すると、かえって新たに投入する費用が必要になることもわかりました。そこで、「鉄道を存続させることが現実的」だという認識が、滋賀県や沿線市町の関係者の間で拡がっていきました。
懸案事項だった存廃については、「存続をめざす」という認識になっていったのです。
これに代わって焦点になったのが、「鉄道として存続する場合のあり方」です。これを存続形態と言います。地交研報告書では、存続形態は公有民営の上下分離方式が望ましいと提案されていました。
しかし、これについては沿線自治体からは、いくつかの意見が出されました。
――自治体にとって、出さなければならない費用がどのくらいになるのかが重要なことだ。その金額が見えない状況で、公有民営の上下分離方式を先行させるのは危機感を感じる
――公有民営の上下分離方式は、複数ある存続形態の1つである。自治体の負担金額がどれほどになるのかわからない状況で、存続形態を決めるような地交研報告書の記述には反対だ

こうした沿線市町が持つ公有民営の上下分離方式についての疑問に対して、この方式を提案した地交研からは次のような説明が行われました。

——公有民営の上下分離方式にすることで、国土交通省からの補助金が上乗せして提供される場合があるなど、手厚いサポートが得られ、沿線市町が負担する金額が軽減されることになる

——現状のままの事業執行体制で存続する近江鉄道に対して、沿線市町から補助金を投入しても、赤字分の穴埋めに使われることが想定できる。そうすると、近江鉄道は抜本的な存続の仕組みの転換ができないまま、赤字を積み上げていくことになる。これでは、市町からの補助金も有効に活用できない

沿線市町からの支援を有効なものにする方策として、近江鉄道の構造転換を可能にする公有民営方式が優れていると、説明をしたのでした。

この地交研の説明に対して、近江鉄道の沿線自治体であり、同時に市内で信楽《しがらき》高原鐵道《てつどう》（第3セクター方式）を上下分離方式で運営している甲賀市からは、

——地交研報告書で示されている公有民営方式は妥当な選択肢を提示していると判断でき

る

との発言がありました。こうした議論を踏まえて、任意協議会での議論は、大きな方向が定まっていったのです。

こうした沿線の自治体と鉄道事業者が参加する会議では、対立した意見を収めることが困難になることが、往々にして想定されます。そこで、今回の近江鉄道の場合は、自治体と鉄道事業者とは別に、実務に長けた地交研の専門家などが冷静な意見を提示することで、自治体と鉄道事業者との意見が物別れすることなく、議論が深まり、認識が共有できたことが重要な点でした。

5-4　存続、そして次の展開へ。動き出した議論

任意協議会では、近江鉄道について「存続」、そして存続形態としては「公有民営の上下分離方式」という大きな方向を確認することができました。

しかし、この協議会では何度も自治体から近江鉄道に対して、「同じ会社の黒字部門のお

金で赤字の近江鉄道を支えることはできないのか」「増収の努力が足らないのではないか」「なぜ近年は経費が増加しているのか」などの質問があり、近江鉄道も会社として同じような回答を続けることが繰り返されました。

こうしたやり取りをいつまでも続けていると、任意協議会で設定したタイムリミットを越えてしまう恐れがあります。

そこで、任意協議会の会長である、滋賀県管理監（地域公共交通担当）から、近江鉄道株式会社社長に対して、これまで重複していた質疑をまとめた質問を提示し、これに対して近江鉄道からの回答を得ることで、何度も同じ内容を繰り返さない方法を取ることになりました。

その質問が次の4項目です。

①鉄道の経営に対する考え方。特に近江鉄道の会社全体からみた鉄道事業の位置づけ
②経営改善策としての構造改革の成果や、今後の経費削減見込み
③鉄道会社として取りうる存続形態と、必要とする具体的な支援内容・支援規模
④上下分離11年目以降の橋梁やトンネルの改修など設備投資計画

これらの4項目の質問事項に対して、近江鉄道株式会社は、文書で回答したうえで、任意

協議会では、この内容を読み上げるかたちで説明しています。回答の内容は長くなるので、ここでは筆者の考えでまとめたものを紹介したいと思います。

①近江鉄道は創業120年を越える会社であり、その鉄道は地域にとっても重要なインフラだと考えている。しかし、25年間赤字が継続している。この赤字を会社全体の利益の中で吸収しているが、本来は収益部門の利益は、その部門のお客様に還元することが健全な会社経営の姿である。望ましくない状況が継続しているため、事業継続が困難になっている。

②経営改善、費用削減については、既にワンマン運転、終日無人駅などできるところはやり尽くしている状況だ。さらに、新駅設置などいくつかの利用促進も実施している。こうした状況で鉄道事業における費用削減が限界となったので、2016年度のギブアップ宣言に至った。

③近江鉄道の存続形態については、「安全運行の確保と、地域活性化のために、安定した体制を構築することが必要」という視点から、地交研が提示した上下分離方式をベースに考えている。必要とする支援については、2つの考え方を持っている。1つは、自治体と住民の

皆さんに近江鉄道に関心を持ってもらって利用促進に一緒に取り組んでいきたい。もう１つは、行政からの支援は地交研報告書に記載されているように、国の補助金もできるだけ活用して、自治体の負担を減らすことが目安になると考えている。

④設備投資計画、特に橋梁とトンネルの維持管理状況については、継続的な検査と、その結果を踏まえた維持管理を実施している。

以上の回答を近江鉄道株式会社は書面で行っています。口頭だけで回答すると、意見の違いについて、相手が良い受け止め方をするような言い回しを工夫することも可能になります。しかし、書面で回答すると、そうした曖昧《あいまい》さが少なくなります。回答する方も真剣勝負となるわけです。

そして、この書面と、それを読み上げるという回答の方法と、そこで示された回答内容について任意協議会の委員からは「社内でしっかりと議論した結果がまとめられている」「近江鉄道株式会社も単にギブアップして、鉄道を投げ出しているのではなく、存続について真剣に考えている」という受け止め方がされるようになりました。

これまで、任意協議会でも行政側の委員と近江鉄道の委員の間に様々な不信感が横たわっていましたが、そうした疑念も、この質問と回答を契機として解消されていきました。協議の内容を法的に決定する場である法定協議会の開催の前段で、関係者の相互理解を推進する場として、任意協議会を設けた成果があったと考えられます。

さらに、任意協議会の中で、近江鉄道から鉄道存続についての強い覚悟を見るシーンがありました。

上下分離方式を実施する際の、鉄道が抱えている線路や駅舎や車両など様々な資産の扱いについての質問が行政側から行われた時でした。これについて近江鉄道から、「様々な資産を合計すると約48億円になる。この48億円分の資産は、上下分離方式を行う際には無償で自治体側に渡す覚悟ができている」という発言があったのです。

そして、これに追加して「これも会社全体では危機的な状況ではないので可能なことだが、この状況を放置して、会社の経営が厳しくなると、無償で渡すことが困難になるかも知れない」という説明がありました。

このことは、近江鉄道にまだ経営の余力のある間に、存続と存続形態の正式な決定が望まれるということを意味します。

こうした近江鉄道の鉄道存続についての強い覚悟と、会社に余力があるうちに存廃問題に対応する必要があるという認識は、全国各地で今後問題になる地方ローカル鉄道の再生問題への対応方策について、重要な示唆《しさ》を提供するものとなりました。

少し余談ではありますが、たまたま、筆者はこの任意協議会が実施された時期に、国土交通省が地域交通法改正を議論する場として開催していた「地域交通フォローアップ・イノベーション検討会」の委員を務めていました。国土交通省でも地域公共交通をより強く支える方策が検討されていたのです。

この検討会で、筆者は近江鉄道を念頭において「鉄道事業の再生については、経営的に行き詰まった状況で支援を行う場合は存続することが目的となるが、まだ余力がある時から支援を行うことで利用促進などに取り組み、地域に活力を生むことが可能となる」という主旨の発言をして、地方ローカル鉄道の再生のタイミングの重要性を訴えることができました。[2)]

そして任意協議会の最終回となる第6回（2019年7月）では、これまでの5回の議論を取りまとめて、次のステージとなる法定協議会に引き継ぐために、近江鉄道は存続することを前提として、座長である筆者から6項目の確認事項の提示を行いました。その6項目は次の通りです。

①沿線の市町と住民と鉄道事業者が当事者として知恵を出し合い、近江鉄道の沿線を盛り上げる。ふるさと納税などを活用して改築を行った日野駅のように、近江鉄道を地域に役立つものにすることが期待される。

②鉄道の存続方式を決める期限は2021年度。近江鉄道の安全輸送設備等に対する国からの補助金が2021年度で期限を迎えるため、安全輸送設備等の整備を継続するためには、新たな支援の枠組みを2021年度までに整える必要がある。

③近江鉄道からは、これ以上の経費削減は困難であることが明確に示された。この状況を放置すると、さらに赤字が積み重なり、鉄道の再生がますます困難になる。

④まだ近江鉄道の会社としての余力があるうちに、事業構造の転換が必要。近江鉄道には鉄道施設などの資産が48億円程度あるが、今であれば、仮に上下分離方式などを実施する際に、会社として無償で提供することができるということである。

⑤近江鉄道株式会社として、鉄道部門の収支を明確にするためには、これを分社化することも選択肢の1つである。
⑥橋梁やトンネルなどの大規模な構造物の改修などについては、これからの課題として、法定協議会で引き続き、議論をしていく。

この任意協議会の議論の結果として、近江鉄道の存廃問題については、存続、存続形態としては公有民営の上下分離方式、という方向が定まりました。この方向を法的に位置づけるための道筋も見えてきたのです。

任意協議会の終了後、滋賀県知事、沿線市町の市長・町長が出席する「首長会議」が8月に開催されて、任意協議会でとりまとめた内容と、法定協議会設置についての了解を得た後、滋賀県と沿線市町の議会で、法定協議会設置の報告をしたうえで、2019年10月下旬頃を目標として第1回法定協議会を開催することになりました。このように、いよいよ近江鉄道の存続を図るために、短期間で乗り越えなければならないハードルが明らかになってきたのです。

これまでは、様々な意見があり、同じ議論の繰り返しなどで行政と事業者間に不信感も存在したのですが、ここまで議論を詰めてくると、やるべきことが明確になってきました。

5-5 近江鉄道沿線自治体首長会議でも、白熱議論

2019年7月の任意協議会終了後の8月に、「近江鉄道沿線自治体首長会議」が開催されました。首長とは、知事・市長・町長など行政機関の長を意味する言葉です。首長会議は滋賀県知事・沿線市町の市長・町長と近江鉄道株式会社の社長、それに国土交通省近畿運輸局の部長で構成され、代理出席は認めないという方針で実施されました。

この首長会議では、またまた率直な意見が数多く出されることになりました。というのも、鉄道の存廃問題について、多くの首長のこれまでの発言は「あれば良い」という視点のものが目立ちました。しかし、いよいよ存続の方向が決まると、市町も存続のためには費用を負担する必要が出てきます。そうすると発言にも当事者意識が増してきます。

首長も、近江鉄道の存続のために、行政の予算を確保し、それを執行することについては、住民や議会に納得してもらい、承認を得なければなりません。まずは首長がしっかりとした

考えを持つ必要があります。そのため、真剣な意見交換の場となったのです。そして、任意協議会でも出たような意見も多く出されるようになりました。

広い範囲に及ぶ様々な意見が出ましたが、主に次の2つに分類できると思います。

①行政自身が向き合う必要がある事柄
②近江鉄道株式会社に対する意見

①の行政自身が向き合う必要がある事柄についての意見としては、次のようなものがありました。

- 法定協議会ができれば、近江鉄道は本当に再生できるのか
- 近江鉄道の存続だけでなく、サービス向上などの担保はあるのか
- 民間で利益が出ない事業を、行政が引き受けてもうまくいくはずがない
- 鉄道の存続だけでなく、地域をどう活性化するのか、という大きな絵を描くべきだ
- 近江鉄道が地域の核になっていることを認識しておきたい
- (市町から)滋賀県がもっと積極的に関わってほしい

・近江鉄道が存続することを目標としたい
・鉄道廃止も選択肢の１つ
・財政支援だけを議論しないでほしい

こうした市長・町長からの意見は、任意協議会で議論して一定の方向を見出したものも多くありました。また、これまでには体験したことがない、「鉄道再生という大事業」に関わることに対する不安感なども正直に語られているように思います。

そして、ここで出された意見の多くはのちに法定協議会で議論を行う必要があるものです。各市長・町長は、これらの意見を自らが出しつつ、鉄道存続に関わる行政の役割を自覚し、自分ごととしてとらえるようになってきたのです。

次に、②近江鉄道株式会社に対する意見としては、次のようなものがありました。
・本当に会社として鉄道が維持できない状況なのか
・鉄道経営の赤字について、経営努力が不足しているのではないか

・近江鉄道は会社全体としては黒字なので、その黒字で鉄道の赤字を補って、運行の継続ができるのではないか
・親会社の西武グループが支援することの方が、行政が支援するよりも先ではないか
・これまでの行政や地域とのコミュニケーション不足があり、不信感を払拭できない

市長・町長からのこうした発言も、既に任意協議会では何度も意見交換してきた事柄でした。そして、これらの点については、首長会議の当日に近江鉄道から回答を得ることで、各市長・町長も一定の納得感を得ることができたようです。

こうした議論や指摘を踏まえて、滋賀県の三日月《みかづき》知事からの、「県は私を含めてしっかりと対応していきます。そして、その中でみんなで合意して、決めたことはみんなで従って取り組む。そういう内容をしっかりと作りたいと思いますので、ご協力よろしくお願いします」という言葉で首長会議は締めくくられました。この知事の言葉を踏まえて、いよいよ秋には第1回の法定協議会を開催することが決められたのです。

6.

山あり谷ありのプロセスを
乗り越えて法定協議会スタート

――なぜみんなが同じ方向を
向くことができたのか？

6-1 近江鉄道の「ギブアップ宣言」の三日月滋賀県知事の受け止め方

近江鉄道の存続とその方法が決まってきた2023年12月に、三日月大造《みかづきたいぞう》知事に近江鉄道の再生についてのインタビューを行いました。[1] このインタビューをもとに、2016年6月の近江鉄道によるギブアップ宣言に対する知事の受け止め方を紹介します。

まず、簡単に三日月知事のプロフィールを紹介しておきたいと思います。知事は、大学卒業後にJR西日本に入社して鉄道の仕事に関わり、その後衆議院議員に当選し、国土交通大臣政務官、国土交通副大臣などの役職を歴任後、2014年7月に滋賀県知事に当選されました。こうした経歴のため、鉄道会社の仕事や、国土交通行政や交通政策にも詳しい方なのです。また、自動車に頼らなくても自由に移動ができ、賑わいのあるまちづくりを進めるために、ヨーロッパなどで実施されている「交通税」という新たな取り組みの導入についても意欲的な知事です。

知事は、2016年6月に近江鉄道の会社の人たちが、ギブアップ宣言を伝えるために県庁へ来訪した時の心境を明らかにしてくれました。

——今回の近江鉄道株式会社の訪問の主旨については、当然、事前に県庁職員たちも聞いていたわけです。ただ、知事が会社の責任者と会うということは、単に話をうかがうというだけではありません。その後のことを含めて、どうするのかという見通しが必要だと思いました。

——しかし、どうすれば良いのかということについては、きちんとした目算があったわけではありませんでした。滋賀県の東部の10市町に及ぶ幹線的な鉄道の存廃問題は、影響を受ける人たちも多く、考える要素も少なくありません。ですから、お会いするときは、内心は不安な気持ちもありました。

——それとともに、近江鉄道のギブアップ宣言への対応策を整理していくと、2つのポイントがあると思いました。

——1つ目のポイントは公共交通、特に大量輸送を担う鉄道の役割・特性を近江鉄道は十分に発揮できているのか、あるいはそうでないのか、ということを明確にしておかなければならない、ということでした。

鉄道の特性が発揮できないのであれば、適切な方法で替わりの移動手段の導入や、場合によっては、廃線に向かっていくことが望ましいということになります。しかし、まだまだ多くの人々が利用していて、この鉄道を支えることで沿線の人々の生活に役立つものだということが明らかになれば、滋賀県は、沿線の自治体をはじめとする多くの人々の力を結集する役割を担う必要があるということを考えたわけです。

――2つ目のポイントは、手を打つなら早い方が良いと思ったということです。

早く手を打つためには、様々な意見をまとめる方策と共に、その取り組み方が迷走しないように準備しておくことが必要となります。それで、すぐに県、沿線市町、近江鉄道で構成する勉強会からはじめました。まずは、共通認識を持たなければならない、ということです。近江鉄道の現状はどうなっているのか？　どうして、こうなったのか？　どうすればいいのか？　という疑問は沿線市町の人々が共通して思っていることでした。

――こうした疑問とともに、近江鉄道は企業グループとしては黒字なのだから、鉄道部門の赤字は、グループの黒字部門で支えれば良いという意見が多くありました。この意見は完全に払拭できているわけではありませんが、特にギブアップ宣言の頃は、大きな溝になっていました。

――この溝は近江鉄道だけでなく、JRの赤字路線や地方ローカル鉄道の存廃問題でもしばしば出てくる問題だと認識して、取り組みを進めることにしました。

――私は鉄道会社の社員を経験してきました。そして、国土交通行政、交通行政は国会議員時代からのライフワークでもあります。ですから、近江鉄道のことは、困難な課題ではありますが、私自身が知事のときに何らかの道筋を示しておく必要があると、内なる闘志を持って近江鉄道株式会社からのお話を聞くことにしました。

こうした知事の発言は近江鉄道の存廃問題の取り組みに大きな影響を及ぼすことになりました。

知事が言う1つ目のポイントについては、近江鉄道の状況を把握《はあく》する上で極めて重要なことです。鉄道存廃問題については、情緒的な意見や定性的な評価などが語られることが多くなります。それも重要なことですが、実際にどんな人たちが鉄道を利用しているのか、将来の利用はどうなるのか、などについてはデータを基に定量的な分析を行うことが必要です。そうして、近江鉄道が地域において果たしている意義や役割を確認することで、存続の必要性を共有することにつながっていきました。

2つ目のポイントは、存廃問題の進め方を決めるものになりました。近江鉄道の存廃問題に関して認識を共有し、時間軸に沿って鉄道事業についての理解を共有する場としての勉強会、法的に意見が縛られることはないが大きな方向を定める場としての任意協議会、そして最終的な方針を法制度にもとづいて決めていく法定協議会などの会議体の設置とスケジュール管理を、滋賀県が中心になって担うことになりました。

近江鉄道の存廃問題に対して、沿線の各市町では誰がまとめ役になるのかについてためらいがありましたが、少なくとも滋賀県はこの問題の牽引《けんいん》役として会議の組織化やスケジュール管理を引き受けることを申し出ました。ここで滋賀県がリーダーシップを取らなかったら、近江鉄道の再生はどうなっていたのかわかりません。

というのも、沿線の市町には近江鉄道への関与が多い自治体もあれば、行政区域内には1つの駅しかない自治体もあるため、近江鉄道について、それぞれの市町の思いもかなりの濃淡があるからです。

これらをまとめていくのは、容易ではありません。特に存続を決めた場合には各市町に費用負担をしてもらう必要が出てきます。各市町の財政事情も様々であるため、市町だけで決めることは簡単ではありません。広域行政を担う滋賀県がまとめ役を引き受けるという判断が行われたことで、ギブアップ宣言以降の展開の方向が定まることになりました。

6-2 法定協議会：開始早々の会長からの先制パンチ

これまでの「勉強会」、6回に及ぶ「任意協議会」、さらに「首長会議」を経て、ついに法定協議会が2019年11月5日に開催されることになりました。2016年の近江鉄道による「ギブアップ宣言」から、実に3年半の時間と多くの議論を経て、やっとここまでたどり着いたのです。

法定協議会の正式な名称は「近江鉄道沿線地域公共交通再生協議会」です。ただ、正式な名称はとても長いので、ここでは略称として使われている「法定協議会」と呼ぶことにしたいと思います。

法定協議会は、「地域交通法」に位置づけられた機関であり、ここでの協議によって、地方ローカル鉄道やバス・タクシーなどの地域公共交通の再生や、人々の移動を支えるための仕組みを定め、国や都道府県、市町村からの補助金などが提供されることになります。だから、法定協議会の決定はきわめて重要なのです。

こうした重要な協議会なので、この会議を構成する委員は、滋賀県と沿線５市５町の首長の計11名、近江鉄道をはじめとする公共交通事業者などが５名、道路の管理者と警察から各１名、教育委員会やＰＴＡなど公共交通の利用者代表が６名、学識経験者３名、商工会議所、社会福祉協議会、専門家としての地交研などから６名、オブザーバーとして国土交通省近畿運輸局から２名の合計35名からなる大所帯でした。

そして法定協議会の会長は三日月大造滋賀県知事、副会長には沿線自治体の中では13駅と最も多くの駅がある東近江市の小椋《おぐら》正清市長と、近江鉄道株式会社の喜多村樹美男《きたむらきみお》代表取締役社長（当時）が選ばれました。また、法定協議会の議題の整理や議事録を作成するための事務局も滋賀県を中心に組織されました。

法定協議会の役割には、地域交通法に基づいて、近江鉄道の再生のための道筋に関する計画である「地域公共交通計画」を策定して、鉄道の再生や沿線地域との関係をしっかり構築する活動をすること、鉄道の存続形態とこれを実現するために必要となる、滋賀県と沿線市町の費用負担額を決めること、さらにそれを各市町で分担する費用負担の割合を決めることなど、多くのミッションがあります。

第1回法定協議会の冒頭で

法定協議会の第1回のスタートになる挨拶は、滋賀県の三日月知事が行いました。

この冒頭の発言で、法定協議会の一委員として出席していた私は驚愕《きょうがく》することになりました。三日月知事の発言の要旨は次の通りです。

――(私としては)近江鉄道の今後の存続形態や財政負担のあり方についても、しっかりと議論したい。そして法定協議会の最初の関門は、鉄道として維持存続するべきかどうか、このことの合意を我々が持てるかどうか、鉄道としてこの路線を残すことの合意が得られるかどうかだと考えている。

任意協議会での様々な意見をまとめてきた私から見ると、この知事の発言には、「やっと、ここまで来たのに、一体なぜこんな発言になるのか？　これまでの議論を振り出しに戻すことにならないか？」と、法定協議会の開始早々に大きなパンチを受けた気持ちになりました。その知事の真意は、インタビューをした際に明らかになりました。

――私（三日月知事）も第1回の法定協議会での発言で、会場が「えっ、知事が今そんなことを言うの？」というような、すごく凍りついた雰囲気になったことを、よく覚えています。

――しかし、法定協議会までの議論は、ずっと行ったり来たりの状態だったわけです。まだまだ共通の土台に立つというところまではいっていなかったと感じていました。私の中では、10合目が到達点だとすると、まだ1合目にさえ届いている気がしなかったのです。そこから先に、しかも皆で登っていくためには、相当の覚悟がいると思ったのです。

——だから、まずは存続するか、しないか。存続しないとすると、どうなるのか。ゼロから、あるいはマイナスから進みだそう、という投げかけのつもりでした。

——この発言の後で、すごく緊張感、迫力感がある議論になっていったと思います。事業者である、近江鉄道さんも、より真剣になってくれたように思いました。

このような謎解きを三日月知事からしていただくことで、その真意がわかりましたが、第1回法定協議会の時の私の気分は、かなり最悪でした。

しかし、よく考えてみると、鉄道再生の事業は上下分離の仕組みを実施したから終わり、ではありません。こうした仕組みを活用して、沿線地域の人たち、様々な人たちにとって役立つ近江鉄道にしていくことが目的です。

また、鉄道の再生に関わる人々は広範囲に及びます。そうした人々の内に、小さな心の「ズレ」が生じて、時間とともに大きな溝ができるかも知れません。

これらのことを踏まえると、法定協議会のスタート時点という、最も重要なタイミングで、再度スタートから考えようという発言があり、それに基づいてしっかりと足元を固めることは極めて重要なことであると気づきました。

こうした会長の発言とともに、第1回の協議会で重要なデータが近江鉄道から提示されました。

すなわち、２０１８年度の営業費用が15・1億円、それに対して、運輸収入など営業収入は11・3億円でした。この結果、3・8億円の赤字になったということです。今後は鉄道施設の老朽化などで、施設維持更新費が増加することにより、この赤字幅は増大することが見込まれるという情報も共有されました。

地方ローカル鉄道の存廃問題を考える際には、こうした収支の基礎的な情報をしっかりと把握しておくことが重要です。

6-3　データとファクトを共有して一気に結論へ

第1回の法定協議会で会長から、まずは「鉄道として維持存続するべきかどうか、このことの合意を我々が持てるかどうか」という重い課題が提起されました。

次回の協議会の場でこれに回答することが必要となります。

議論を進めるためには、「電車が走る姿が故郷の貴重な風景になる」などの感性に働きかける主張も大事ですが、それだけでは、年間3・8億円の赤字を出している鉄道の存続を議論する材料としてはインパクトが乏しいと思います。

というのは、存続を決めると、次には沿線市町にとって懸案事項である、存続のための費用負担の議論が待ち受けているからです。

巨額の費用を負担しても残す意味について、多くの人たちに理解してもらわなければならないのです。

これを乗り越えるためにも、様々な調査結果としてのデータ（数字）と、そのデータから考えられるファクト（事実）を把握したうえで、存続を決める議論を行うことが必要です。

適切なデータとファクトがあれば、多くの人たちで同じ認識を共有することが可能となるからです。

そこで、滋賀県では近江鉄道について様々な調査が行われているので、それらの結果を、第1回の法定協議会の約4ヶ月後に開催される第2回法定協議会（2020年3月）の場で提示することで、近江鉄道に関するデータとファクトの共有を図り、議論を進めることになりました。

第2回法定協議会の議題は次のように設定されました。

①沿線住民・近江鉄道利用者を対象としたアンケート調査結果の報告
②近江鉄道のクロスセクター効果の分析結果の報告
③沿線地域フォーラムの開催と学校や事業所へのヒアリング結果の報告
④鉄道から他の交通手段への転換に関する検討結果の報告
⑤近江鉄道の存続に関する協議

これらの議題で最も重要なものは、議題⑤の近江鉄道の存続に関する協議です。第1回法定協議会で三日月会長から提起された存廃問題に対して協議をして結論を出すことになるからです。そのためには、議題の①〜③のとおり、近江鉄道の利用実態や地域に提供する多様な価値をデータとファクトで示すことが必要になります。

その内容について、次に確認していきたいと思います。

近江鉄道利用者を対象としたアンケート調査結果

近江鉄道を利用している人たちを対象としたアンケート調査は、2020年1月下旬から2月上旬を調査日として、各駅で近江鉄道の利用者に調査票を手渡して、郵送で回答してもらう方法で実施されました。調査票の配布数が1000件で、回答が374件、回収率は37・4％でした[2)]。

■近江鉄道はどんなふうに利用されているのか？

最も気になるのが、近江鉄道の利用者はどんな目的で電車を使っているのか、ということです。

これまでも通勤と通学の定期券の販売状況から、通勤の利用者数と通学の利用者数は、それぞれ全体の1／3程度であることを把握していましたが、それ以外の定期券を使わないで乗車する人たちの利用実態を把握することは、簡単ではありませんでした。しかし、今回のアンケート調査でそれを把握することができました。

その結果が図6-1です。これは近江鉄道利用者の調査当日の外出目的をたずねたものです。

「通勤」が51・6％と最も多く、次いで「通学」が17・9％、「業務・仕事」が11・2％、「観光・レジャー」が10・7％となっています。

近江鉄道を利用すると、高校生の姿が目につきます（図6－2）。通学の利用が多いのは、近江鉄道だけでなく、多くの地方ローカル鉄道で目にする光景です。近江鉄道も、その例外ではないということです。

ただ、今回のアンケート調査で通学が17・9％となっているのは、通勤に比べて利用が少なく見えます。これは調査を実施した日程が1月下旬～2月上旬であり、高校生の通学日が少なかったことも関係していると想定できるようです。

そして、なんと言っても利用が多いのが通勤です。

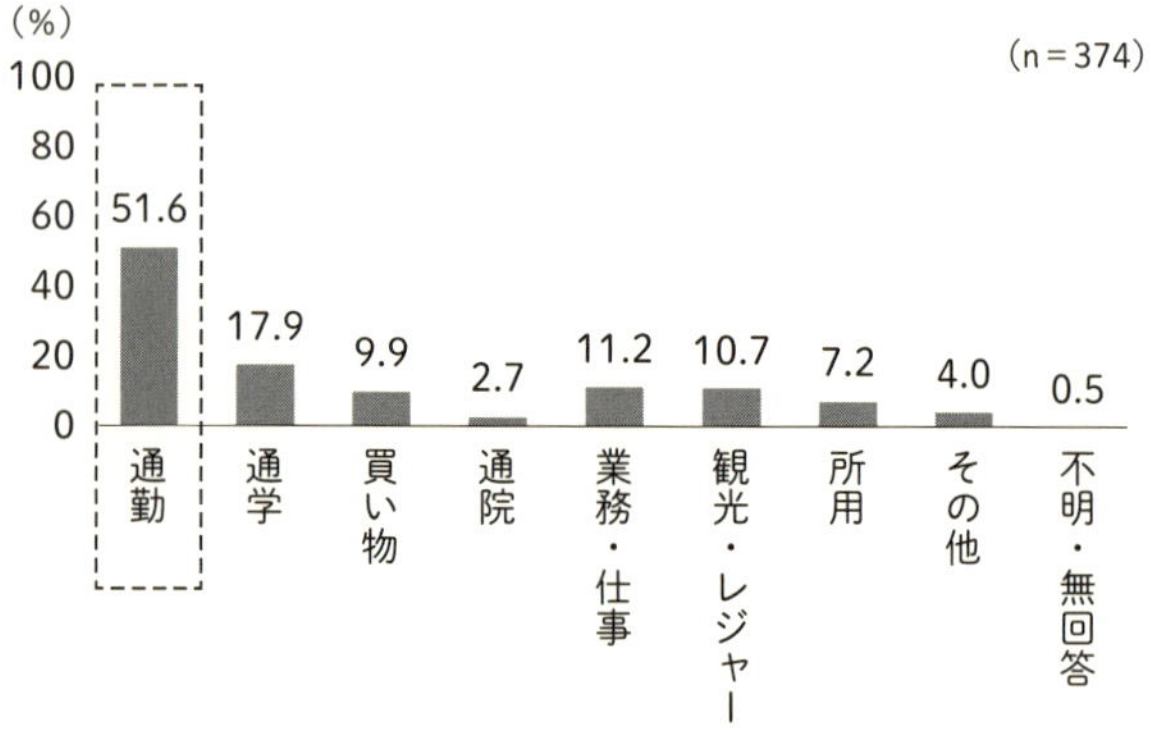

図 6-1　利用者の調査当日の鉄道利用目的[2)]

この通勤に業務・仕事を加えると、なんと62・8％の人たちが仕事に関わる目的で利用していることがわかります。近江鉄道は高校生の利用も多いけれど、実は沿線の企業への通勤を支えており、雇用や人材確保の手段としての役割が大きいことが、今回の調査で明確にわかりました。そして、人々の移動を支えることで、地域経済を支える役割を果たしてもいます。

また、買い物や通院などの利用もありますが、それぞれ10％以下となっています。なお、観光・レジャーについては、まだまだ伸びしろがあると考えられます。ただ、近江鉄道の基本的な性格は、通勤・通学を中心とした沿線の人々の日常生活を支えるものである、ということを明確にすることができました。

そして、近江鉄道の券種別の利用割合は、これまで紹介してきたように、「通勤定期」「通学定期」「定期外」がそれぞれ1／3となっています。今回の調査でわかったとおり、通勤利用が5割程度あるということは、通勤

図 6-2　高校生の利用が多い八日市駅（著者撮影）

する際に定期を所持せずに、回数券などを利用している人たちも少なくないと想定できます。こうしたデータの細部を見ていくと、利用促進策や運賃政策を考えるヒントになりそうです。

■近江鉄道が使えなくなると通学はどうなる?

沿線の高等学校等に在籍する生徒たちにも様々な調査が行われています。ここで紹介するのは、近江鉄道が使えなくなった場合にどうするのかについての回答です(図6-3)。

これによると、近江鉄道が使えない場合には56・8%が「自動車(家族等による送迎)」、31・7%が「通えなくなる」と回答しています。

家族等による自動車送迎ということになると、送迎のための自動車交通が増加し、既存の道路における渋滞《じゅうたい》が今以上に深刻になることが懸念《けねん》されます。また、送迎で通学する場合、運転する家族などへの負担の増大が見込まれます。

さらに気になるのは「通えなくなる」と回答した3割の高校生のことです。通学の足をどのようにサポートするのか、という問題に直面します。スクールバスなどの代替手段でカバーすることなどが考えられますが、費用、ルート、交通渋滞などの多くの課題がありそうで

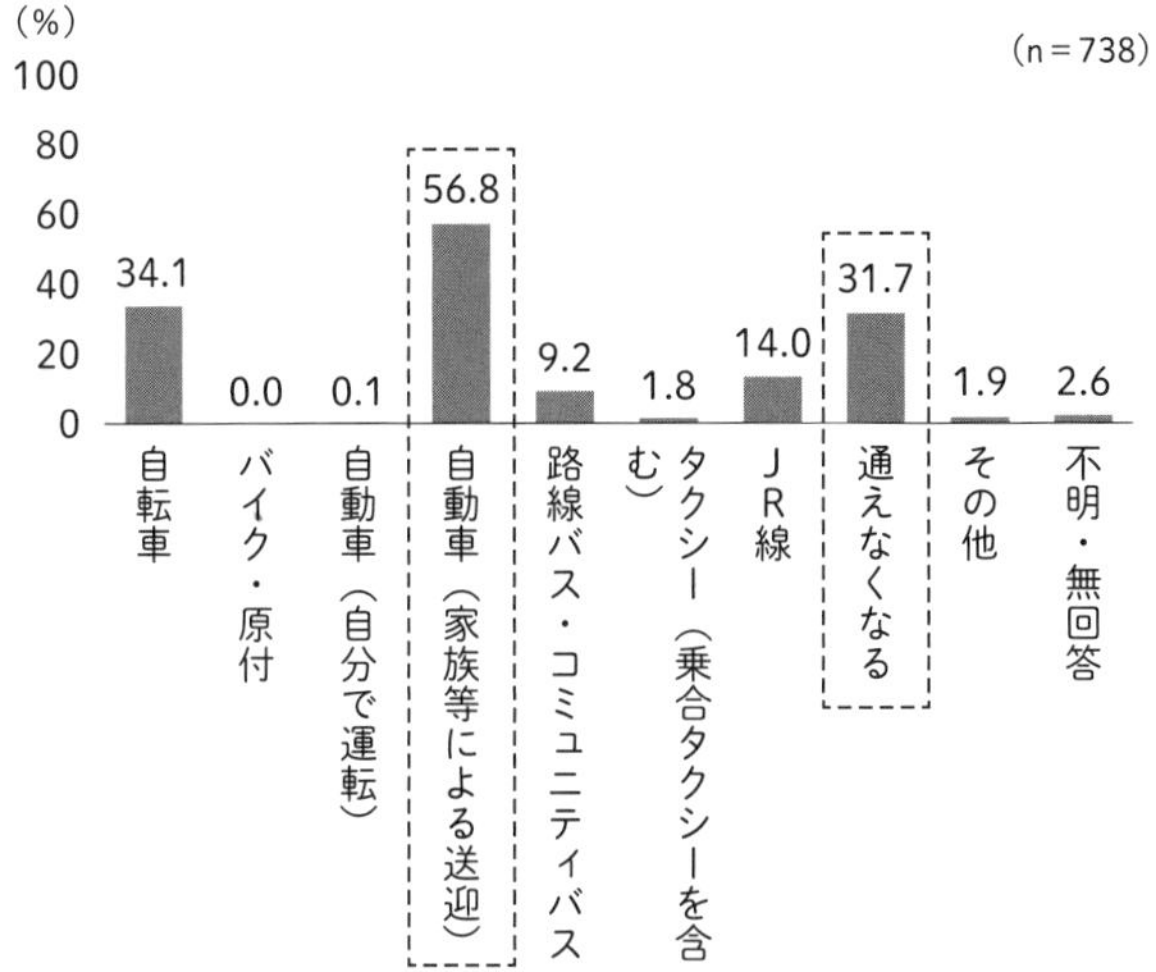

図 6-3　通学で近江鉄道線が使えない場合の交通手段（沿線学校対象調査、複数回答）[2)]

す。

　また、中学生が進学先を決める場合に、通学手段がないと、志望校への進学を断念することが懸念されます。希望する高校への通学が不可能となれば、進学のために下宿をすることや、家族と一緒に転居するなどの可能性があります。この結果、子どもの進学を契機として、人口流出が起こることも考えられるのです。

　近江鉄道は、こうした高校生の通学を支えることで、道路の渋滞問題の回避や、家族の送迎の負担を軽減したり、希望する高校への通学や進学の権利を確保する役割を担っていることがわかります。

なお、この他にも沿線住民や沿線企業を対象に、近江鉄道の利用実態などについてアンケートが行われています。参考資料2に詳しい内容が紹介されていますから、関心がある方は見ていただければと思います。

近江鉄道が持つクロスセクター効果の算出

クロスセクター効果(Cross Sector Effects＝ＣＳＥと略します)とは、バスや鉄道などの公共交通が、医療や商業、教育などの多面的な分野に対して及ぼす効果を定量的に把握するための指標です。

多面的な分野というのは、交通分野だけでなく、横断的(クロス)に様々な行政分野(セクター)に関わるものを想定しています。これらの多面的な分野に対して公共交通が提供する効果を、定量的に把握することで、現在の公共交通の必要性や財政支出の妥当性を可視化することが可能になります。

ＣＳＥの算出方法は、仮に対象とする公共交通が廃止となった場合に、その公共交通の利用者の移動手段を確保するために、代替バスの運行など行政分野ごとに実施が必要となる施策の費用（分野別代替費用）を算出し、その合計金額をまとめるというものです。この金額と行政からの補助金を比較することでCSEが算出されます。

CSEの詳しい内容については次の資料を参考にして下さい。
○土井勉：「クロスセクター効果ー人々の移動を支える公共交通の価値を可視化する方法」
https://kotsutorisetsu.com/20240525-1/
○クロスセクター効果研究会：「地域公共交通の有する多面的な効果（クロスセクター効果）算出ガイドライン 標準版」
https://www.amazon.co.jp/dp/B0CPPYWVZX

近江鉄道線のクロスセクター効果を算出すると、近江鉄道線が仮に廃止された場合に、現在の鉄道利用者の移動手段を確保するための費用（分野別代替費用）の合計は、最も低く見積もっても19・1億円／年となりました。[3)]

国・県・市町から近江鉄道に対して出されていた施設更新などの補助金は1・5億円／年、近江鉄道の事業損失額は5・2億円／年であり、その合計は6・7億円／年になります。従ってＣＳＥ分析の視点からは、分野別代替費用の最小額19・1億円から補助金や事業損失額を除いても12・4億円／年の価値を持つ鉄道であるということが明らかになりました。

すなわち、近江鉄道を維持・存続する方が、鉄道を廃止して、代替施策を実施するよりも、はるかに出費を抑える効果があることが確認できたのです。

こうしたデータで近江鉄道の価値を定量的に語ることは、これまで取り組んでこなかったことでした。そのため価値があることを数字で示すことは、法定協議会では極めて大きなインパクトを提示することになりました。

こうしたＣＳＥの算出は、近江鉄道存続への流れを形成することに大きな役割を果たしたのです。

全線存続という結論

利用者アンケート調査結果や、高校生の通学と近江鉄道との関係、ＣＳＥの分析結果を準備して臨んだ第2回の法定協議会。これらの資料の説明後に、三日月会長から協議会委員の全員に対して、存廃について発言することが求められました。

当日出席できなかった委員の代理として出席した人から「判断を保留する」という意見が出されましたが、それ以外のすべての委員から、近江鉄道の存続について前向きの発言が行われました。

これらの意見を踏まえて、三日月会長から「法定協議会として全線存続」を結論することが確認されました。

第1回法定協議会における三日月会長の「鉄道として存続すべきかどうか」という発言の真意がやっと理解できました。

確かに、第2回の協議会に至るまで、近江鉄道を取り巻く関係者、市長・町長、協議会の委員の中には、まだまだ存続という結論に確信を持ちきれない人たちがいたことは確かでした。

こうしたことを念頭において、廃線よりは存続の方がいいだろう、というような感覚的な決め方ではなく、多くのデータとファクトを確認して、協議会として強い意思を持って「存続」の意向をまとめることが必要だったのです。

この日の協議会では、決議文「近江鉄道線の全線存続について（案）[4]」が採択されました。

この決議文は「県東部地域が魅力と活力を維持し、向上させながら、持続的に発展していくため、近江鉄道線は全線存続することとする」という文章で締めくくられています。これは、単に近江鉄道を残すのではなく、地域の魅力と活力を維持・向上させていくために存続する、という意思が反映されたものになっています。

6-4　理解を深めた大人の遠足

第2回法定協議会で全線存続が決議されました。ただ、これを具体化するにあたって、様々なハードルを乗り越える必要があります。そのためには、行政の首長も、近江鉄道のメンバーも沿線の人たちも、お互いの気持ちを理解しておくことが重要です。小さな意見の齟齬《そご》があった場合でも、気軽に意見交換ができるような信頼関係があることで、その対応には大きな差が出るからです。

法定協議会の場も重要ですが、首長たちは、自分たちのまちの議会や関係職員のことがあるので、どうしても公式な話が中心になります。それでは、お互いの心理的な壁を乗り越えて信頼関係を構築することは難しいと思います。

その心の壁を乗り越えるために、重要な役割を果たしたものが、２０２０年７月と８月の２回にわたって実施された「近江鉄道沿線フィールドワーク」です。これは法定協議会の事務を担う滋賀県庁の担当者の熱意によって実現したものです。

図 6-4　近江鉄道沿線フィールドワークで彦根車両基地を訪れた参加者たち。柔らかい表情が印象的だった（2020 年 7 月 25 日、著者撮影）

このフィールドワークには、三日月知事をはじめ、沿線市町の首長を中心に法定協議会の委員、それに沿線を熟知した地元の人たちなどが参加して、実際に近江鉄道に乗車して、沿線の駅や土地利用の現状、構築以来長い年月が経っている橋梁やトンネルなどの構造物の現状について、自分たちの目で確認し、お互いに意見を気軽に述べ合うことができるものでした。その雰囲気はさながら「大人の遠足」のようでした。

沿線の首長も、自分の行政区域内の駅や沿線の状況については熟知していても、線路でつながっている他の市町の状況については、十分に認識はしていませんでした。それが同じ電車に乗り込み、真夏の暑い日に汗を流し、時には雨に打たれながら、同じ時間を過ごすことになったのです。

移動の電車の中では、参加者それぞれが近江鉄道に関する思いや、抱える課題を率直に述べ合いました。そして様々な意見については、現場で確認することで、鉄道に関する認識を深めることもできました。

このフィールドワークで一緒に現場を見るということを通じて、沿線の状況だけでなく、個々の委員との信頼関係も醸成《じょうせい》されました（図6-4）。こうした心の壁が取り除かれることで、これ以降に課題となる様々な事柄についての意見交換が進みやすくなりました。

7.

全線存続に向けて一歩ずつ

7-1　次の一手は存続形態を決めること

全線存続決定の次に決めなければならないことは、鉄道をどんな仕組みで残すのか、ということと、関係自治体が負担するお金の分担をどうするのかということです。

ここで、単に鉄道を残すことだけを目的にすると、鉄道と地域との関係は小さくなります。そうすると、行政が支援する意義も乏しくなります。こうした関係のままだと、いずれは沿線の人口減少などの影響を受けて、数年後には存廃問題を再び議論することになりそうです。沿線地域との関わりが乏しいままだと、沿線の自治体も存続で意見がまとまるかどうかは不透明な状況になると思います。

こうした状況にならないために、近江鉄道と沿線地域では、鉄道の存続の議論をきっかけとして、沿線地域のまちづくりについてイメージを描き、それを関係者と共有する努力をしてきました。

この考え方を推し進めるために、2020年8月に開催された第4回の法定協議会では、三日月《みかづき》会長から「未来へあかねさす湖東地域のために～近江鉄道沿線地域の将来像イメージ～」と題された沿線地域の将来ビジョンが示されました[1)]。

「あかねさす」とは、「朝日が昇るときに、東の空が赤くなっていく様子」を描く古い言葉のようです。近江鉄道の路線は滋賀県の東部にあるので、このエリアは湖東地域と呼ばれています。滋賀県の夜明けは湖東地域から徐々にはじまっていくという比喩を用いて、この地域が持つポテンシャルを法定協議会の人々と共有し、近江鉄道の存続によって、沿線地域が持つ歴史的・文化的なポテンシャルを高めて、より魅力ある地域をつくり上げることが目標だと宣言するものでした。まさに、単に近江鉄道を残すことが目的ではなく、未来のまちづくりを近江鉄道が担うことを期待するものです。

こうして、地域の将来像の実現を推進することを念頭において、近江鉄道の望ましい存続形態を決める必要があります。

存続形態を決めれば、その形態に基づいて存続のための費用が算出されることになります。その費用に対して沿線の各市町が負担する金額が定まっていきます。このため、沿線自治体は存続形態の議論については慎重でした。しかし、存続形態を決めなければ、各自治体の費用負担額などの議論を先に進めることができません。

そこで、2020年12月に開催された第5回法定協議会で存続形態の議論を進めることになりました[2)]。

この議論を進めるために提出された案は、滋賀県・沿線市町・近江鉄道による検討をベースにしてまとめられたものでした。

ここでは、存続形態を検討する視点として、①持続可能で安定的な運行体制の実現、②事業者と自治体の責任や役割分担の明確化、③自治体の財政負担の軽減、という3点が重視されています。

また存続形態については、「運行経費補てん」、「みなし上下分離」、『公有民営』方式による上下分離」の3案が提示されました。

この3つの存続形態は、近江鉄道に限らず、地方ローカル鉄道の存続に関して議論されることが多いものだと思います。

「運行経費補てん」は、行政が鉄道事業者の運行経費の赤字分を補てんする方法です。これだと、仮に鉄道事業者が冗長に経営を行うことで生まれる赤字分も、行政が支えることになる恐れがあります。経費負担について、できるだけわかりやすいことが望ましいという点で、ここでは採用されませんでした。

「みなし上下分離」とは、既存の鉄道事業(第一種鉄道事業者)が上下分離されていると仮定して、そのうちの下部の維持管理などに要する費用を行政が支援する方法です。この形態では、行政が支える下部に要した費用について、鉄道事業者としっかりとしたコミュニケーションをとることが不可欠となります。

「『公有民営』方式による上下分離」では、上部と下部との責任を第二種鉄道事業者と第三種鉄道事業者の役割として明確にしたうえで、下部は行政が支えること、国土交通省からの支援が手厚いことなどの特徴があります。

これら3つの存続形態について確認を行ったうえで、国からの支援が手厚いなどの理由で「『公有民営』方式による上下分離」が望ましいという結論になりました。

上下分離で近江鉄道を存続させることになると、これまで鉄道の運行も施設の管理も第一種鉄道事業者として担っていた近江鉄道株式会社から、鉄道の運行を担う第二種鉄道事業者と鉄道施設の管理を担う第三種鉄道事業者を分離する必要があります。

第二種鉄道事業者としては、これまで近江鉄道の運行を担ってきた実績や近年の地域との連携活動の実績などを基に、当面、近江鉄道株式会社とすることが決定しました。将来的には、様々な鉄道運行の実績がある事業者からサービスの提供と安全性の確保などの提案を受ける方式で、第二種鉄道事業者を決めることなどもあるかも知れません。

また、第三種鉄道事業者としては、沿線市町と滋賀県の11団体で構成される「近江鉄道線管理機構」が2023年1月に設立されることになりました。こちらは公的性格を持つ事業者として、一般社団法人(代表理事は東近江市副市長)の形がとられました。

第5回の法定協議会では、存続形態の決定に続いて、事務局からユニークな提案がありました。それは、公有民営の上下分離を決定した翌年度にあたる2021年度から直ちに上下分離を行うのではなく、2023年度までの3年間を「運営改善期間」として、2024年度から上下分離に移行するというものでした。

この提案の背景には、まさにこの時期は新型コロナウィルスが猛威を振るっている時だったことがあります。不要不急の外出の自粛、在宅勤務の奨励などが実施されていました。全国の鉄道・バス・タクシーなどの公共交通と同様に、近江鉄道の利用者も大きく減少し、運輸収入も減少する状況になっていました。そのため、経営の先行きも不透明でした。このまま上下分離に進んでいっても、近江鉄道の存続が維持できるのかが、誰にもわからない状況だと言っても過言ではありませんでした。

そこで新型コロナウィルスの流行状況や、近江鉄道への影響を見極めるため、時間的な猶予を設定したい、ということになったのです。

この運営改善期間には、沿線自治体・鉄道事業者・沿線住民などが協働して、鉄道の利便性向上や利用促進に取り組むことも第5回法定協議会で提案され、了承されました。

次章で紹介することになりますが、2022年10月に実施された「近江鉄道線全線無料デイ」は大きなインパクトのあるイベントでした。これも運営改善期間における取り組みのひとつです。

こうして、新型コロナウィルスの大流行という不測の事態に対しても、柔軟に対応することで、地域に有用な取り組みを行うことができたように思います。

7-2 沿線自治体の費用負担割合の決定

公有民営による上下分離が決まった第5回法定協議会に続いて、2021年3月の第6回法定協議会では、上下分離による費用負担総額と、各自治体の負担割合についても決定されました。[3)]

近江鉄道が今後予定している下部の設備投資計画などに基づいて、具体的にその内容を精査して、自治体が負担すべき費用の総額が確定されていきました。

そして各自治体の費用負担額は、各自治体のエリア内における駅数、営業キロ数、住民定期利用者数を指標として、近江鉄道が沿線市町に関わる程度に応じた費用負担割合を算定根拠として滋賀県から提案が行われました。

当たり前のことですが、どこの市町も負担は1円でも少ない方が良いと思うでしょう。そして各市町の首長は、議会や住民に対して自らの市町の負担金額の説明をする際に、納得性の高い説明材料が欲しいと思っています。

費用負担割合のうち、各自治体の区域内の駅数が、近江鉄道との関わりの大きさをはかるうえで、費用負担割合の50%になるとしています。これは市町にとっては受け入れやすい指標であり、大きな異論は出ませんでした。

ただ、営業キロ数を指標とすることについては、事務局の提案に対して異論が出ました。既に軌道部について大規模な改修などが実施済で長期的に維持コストを軽減できる区間と、これからも様々な補修が必要となる区間では、線路などを維持するために負担すべき費用が異なる、という意見が首長から出されたのです。事務局からは、こうした意見も勘案して、営業キロの割合を20%と、他の2つの指標よりもウェイトを抑えたものとしているので、理解して欲しいという説明が行われました。

そして、各市町の人々が実際にどれくらい近江鉄道を利用しているのかについては、定期的に利用している人たちの割合ということで、住民の定期利用者数(30%)を指標としています。

こうした上下分離に伴う関係自治体の費用負担割合の決め方に、ルールや決まった方式があるわけではありません。その時の関係者の間で決めることになります。ここでは、滋賀県と10の市町が納得する形で決めるということです。納得が得られなければ、決めることはできません。

存続のための費用の総額は決まっていますから、仮に、A市の負担額を減らすと、他の市町の負担額が増加する、という構造になっています。したがって様々な意見が出ることは大事なことですが、どこかで全員で思い切らないと議論は前に進みません。そして費用負担を決めることができないと、上下分離の実施が遅れることになります。

ここでキーになったのは、やはり滋賀県の判断でした。

こうした厳しい局面の決着がついた後の2023年12月に、三日月大造《たいぞう》滋賀県知事にインタビューをした際にも、この費用負担割合について質問し、次のような回答をいただきました。


――近江鉄道の再生について市町との調整で最も大変だったのは、お金と責任の分担でした。県と5市5町の合計11自治体が「それぞれ多少違う中でも、一緒に歩んでいきましょう」と言えば、そこまでは「そうか、そうか」となるのですが、いざお金と責任ということになると、難しくなります。

──最初、費用負担割合については「県は1／3」「沿線の市町は全体で2／3」で議論をはじめました。でも私（三日月知事）の心の中では、ここでは県は1／2の負担まで覚悟をしないといけない、と考えていました。県の財政部局にも、いろんな数字で試算をすることを指示していました。市町との協議でも、最初に県は1／3でスタートしました。でも、「これではまとまらない」ことが見えてきたので、「県が1／2を出すから、これでやろう」と決断をしました。これは大きな決断だったと思います。この決断で沿線の10市町からも了解を得ることができたと思っています。

こうして費用負担の議論で、滋賀県が費用全体の1／2を負担するということになりました。滋賀県が近江鉄道の存続についての「本気度」を表明することで、沿線の5市5町も県が出した費用負担割合について合意しました。

第6回法定協議会では、これまで近江鉄道再生のタイムリミットとされていた、近江鉄道の安全輸送設備の整備に関する活性化計画が2021年度末に期限を迎えるため、2021年度〜2023年度の「運営改善期間」のうち2022〜2023年度についても県と市町が支援することを提案しています。

この支援金額は、近江鉄道の設備投資や修繕費を厳密に算定した結果、6・4億円／年度と示されました。この費用についても、上下分離の費用負担割合に応じて支援することが決定されたのです。

7-3　法定計画とデータを見ない意見の克服

法定協議会の大きな役割の一つに、上下分離後の鉄道の姿を明文化する「地域公共交通計画」の策定があります。この計画は地域交通法に定められており、近江鉄道で今後、利用促進などに取り組むことが記載されることになるものです。

第6回の法定協議会で「地域公共交通計画」の骨子が議論されました。これをもとにまとめられた計画内容について市民の人たちからの意見を募る「パブリックコメント」を経て、第8回法定協議会（2021年10月）において「近江鉄道沿線地域公共交通計画[4]」（略称、法定計画）という名称で地域公共交通計画が決定されました。

この法定計画では、「未来へあかねさす湖東地域のために」という目標を実現するために、「県東部地域の豊かな暮らしを支え、人々の交流や出会いを生み出す、近江鉄道を軸とする持続可能な地域公共交通ネットワーク」に向かって取り組むことが掲げられています。

そして、これを実現するために合計30の施策群が提示されています。

その主なものは、①安全運行を確保するための施設・設備の維持・整備、③鉄道事業再構築実施計画の策定、④通学定期券の購入促進、⑤通勤、通学における公共交通利用の促進、⑥利便性の向上、⑨キャッシュレス決済の導入など19の施策(丸囲み数字は法定計画の施策番号)が重点事業として位置づけられています。

これだけ盛りだくさんの施策群に、法定協議会という大きな組織で取り組むことは実際には無理があります。そこで、法定協議会の中から特にこうした施策群に関係が深い人たちを集めて、分科会が設置されることになりました。分科会では、集中的に施策実現について議論を行い、その結果を法定協議会に報告し、施策を実施する仕組みがつくられることになったのです。

具体的には、近江鉄道の利用促進や沿線の活性化に関する検討を行う「近江鉄道線活性化分科会」と、上下分離の手続きを推進するための「近江鉄道再構築分科会」の2つの分科会が設置されました。この両分科会には、滋賀県・沿線市町・近江鉄道・国土交通省近畿運輸局・学識経験者が参加して、密度の濃い議論が行われました。また、近江鉄道線活性化分科会の座長には、筆者が就任することになりました。

こうした分科会設置の大きな利点として、施策の実現のための取り組みについて、深く議論するだけでなく、議論を通して、これまで見えない壁があった鉄道事業者と行政の担当者との間の距離が縮まり、相互に信頼できる関係が芽生えることになった点も重要なことだと思います。

近江鉄道線活性化分科会では、上下分離を踏まえて利用促進などに効果がある施策について検討を行い、30事業の中から表7-1に示す6つの事業を最重点として、第9回法定協議会(2022年3月)で提案し、了解を得ました。そして、これに基づいて事業に取り組むことになりました。

これらの事業はすべて、観光や非日常的な移動ではなく、日常生活の移動を支えるものになりました。近江鉄道が地域で担っている役割がよくわかると思います。

最重点事業のうちのいくつかについて紹介したいと思います。

④通学定期券の購入促進に関連しては、2021年度に国土交通省近畿運輸局が沿線の高校生を対象に近江鉄道による通学や利用に関する話し合いを行い、この成果をアピールするリーフレット「近江鉄道でみんなと楽しく通学しよう」[6]にまとめて、沿線の中学生・高校生や保護者に配布しました。

さらに、通学定期券の割引についても検討を進めることになりました。

通学定期券の割引については、沿線の東近江市における中学生議会(2022年11月開催)の一般質問で「ひとり親家庭の高校生の通学補助について」[7]の意見が出されたことも大きなインパクトがありました。この質問を行った当時1年生の女子中学生は、近江鉄道による高校進学を念頭に置いて、将来の夢や通学

表 7-1 「近江鉄道沿線地域公共交通計画」の中でも活性化分科会が担う最重点事業[5]、「5. 目指すべき姿を実現するための施策」から選定
(丸囲み数字は法定計画における事業の番号)

- ④通学定期券の購入促進
- ⑤通勤、通学における公共交通利用の促進
- ⑥利便性向上
- ㉘人の移動実態等の定量的な把握・分析
- ㉔ふるさと納税制度等の活用
- ㉕地域の特色を活かした魅力あふれる駅づくり

補助を支える財源などについても明確に語り、多くの人たちが心を打たれました。

近江鉄道の上下分離を機会に、第二種鉄道事業者に生まれる経営の余力を、通学定期券の割引というサービスの向上と利用促進の2つにあてること、その実現可能性についての検討を進めることになりました。

特に通学定期券は、企業が主に負担する通勤定期券と異なり、主に保護者が負担することになるので、この割引は家計に対しても負担軽減効果があるものと考えられます。

⑤通勤・通学における公共交通利用の促進については、法定協議会の委員たちを含めて、様々な思い込みや誤解をしていることがあります。例えば、近江鉄道の沿線にある工場などへの通勤はほとんどが自動車利用であり、鉄道を使う人などいない、というのが典型的な思い込みでした。

しかし、実際には表4-2に示したように、近江鉄道の1/3程度は通勤定期券の利用者であり、近年も利用が増加しているのが実態です。そのため、沿線の企業と近江鉄道や沿線自治体との交流は、重要な施策として活性化分科会で取り組むことになりました。次章でくわしく紹介します。

⑥利便性向上については、近江鉄道を軸として、沿線の各地区からバスで駅へ到達できるようにすることや、バスのダイヤと鉄道のダイヤを調整することで乗り換えの障壁を少しでも少なくすることなどが挙げられます。また、チケットのＩＣカード化の検討や定期券販売のクレジットカード対応なども重要だと考えています。

これらの最重点事業については、活性化分科会での議論を重ねて、できることから着手することになりました。

8.

沿線の人々や企業が
近江鉄道再生の背中を押す

8-1　沿線の人々との接点の拡大

鉄道事業者と沿線の自治体だけで鉄道の再生に取り組んでも、なかなか成果はあがりません。やはり、沿線の人たちの支えを得ることで、地に足のついた取り組みが可能になるのです。

例えば、同じ滋賀県内で、近江鉄道の近くに路線を持つ信楽《しがらき》高原鐵道《てつどう》が、2013年9月に台風によって甚大な被害を受けて運休したことがあります。この時に、通学で鉄道を利用していた高校生たちが、早期の復旧を求める署名活動と募金などで、鉄道の再開を支援する活動に取り組みました。この活動は行政や沿線の人々を動かす原動力となり、2014年11月に無事に全線復旧を果たすことができました。

一方、これまで見てきたように、近江鉄道は沿線の市町とのコミュニケーションが乏しく、地域との接点が乏しい状況が続いてきました。

ただ、2016年の「ギブアップ宣言」以降は、沿線地域の人々との様々な取り組みの重

図 8-1　近江鉄道みらいファクトリーの紹介[1)]

要性が認識されて、近江鉄道の会社としても、地域との関わりが少しずつ増加していきました。

2020年からは、近江鉄道の社員たちと地域の人たちが一緒になって「近江鉄道みらいファクトリー」(図8-1)という活動に取り組むようになりました。

この活動では、駅の清掃・美化、ボランティア駅長などをはじめ、地域の人たちとのタウンミーティングを行うことで、様々なアイデアを出し合い、駅前のにぎわいづくりの取り組みなどが実施されています。

また、近江鉄道沿線の人たちなどでつくる「近江鉄道映画制作実行委員会」の皆さんによって、2021年に映画「ガチャコン!」が制作されました。さらに、2023年春には続編の映画「ガチャコン!　青春編」の制作・上映も実現し(図8-2)、続いて第三弾の映画の制作に取り組んでいます。

さらに、複数の駅や駅周辺では地域主体の様々な活動が催されることも次第に増えてきました。例えば、日野駅では、駅舎がレトロな雰囲気を維持して改修されたこともあり、この駅舎を「観光案内交流施設『なないろ』」と名付けて、地域住民が楽しくつろぐことができるコミュニティスペースとして地域団体が運営しています。様々な活動をしている団体が日替わりで登場する仕組みが構築され、賑わいが拡がっていく工夫がされています（図8-3）。

図8-2 映画「ガチャコン！　青春編」のポスター[2)]

こうした様々な活動が、近江鉄道の沿線で少しずつ増加してきたようです。そして、これらは極めて残念なことに、これまでは個々にバラバラな活動でした。似たような活動をしていても、お互いの存在を知らない状態だったのです。

そこで、法定協議会の主催で、近江鉄道の沿線で様々な活動をしている人たちが参加できる「近江鉄道活性化に取り組む皆さんの交流会[3]」を2022年1月15日に実施することになりました。

近江鉄道・滋賀県・沿線市町の関係者が、それぞれのネットワークを活用して、多様な関係団体に声をかけて参加者を募りました。この努力もあり、各活動団体の代表者ら43名が参加する場になりました。参加者は、お互いに初めて出会う人たちが多く、それぞれの活動についての紹介や意見交換などが熱心に行われました。

図 8-3　日野駅で行われている住民主体の活動の様子（著者撮影）

特に、類似した活動をしている団体が、少し離れたエリアに存在することを知ることができたり、あるいは一緒に活動することで大きな相乗効果が生まれそうな団体があるなど、新鮮な発見がありました。

こうした状況を受けて、移動手段として近江鉄道を活用して、沿線団体が様々な駅で同じ日にイベントなどを開催できれば、大きな盛り上がりになるという意見なども出されました。

そして、今回が初めての取り組みでしたが、多くの参加者から今後もこうした意見交換を継続したいという意見が出されました。

今まで、それぞれ自分たちの活動を中心に考えていた人たちも、こうした交流と刺激を待っていたのだと感じた会合でした。

8-2 2022年10月の「全線無料デイ」：もし空振りだったら……。

「近江鉄道活性化に取り組む皆さんの交流会」の盛り上がりを受けて、近江鉄道では地域の各団体が実施するイベントを、近江鉄道を使って回遊できるようにする企画の検討が行われることになりました。そして、交流会に加えて、近江鉄道グループが従来から毎年秋に実施してきた「近江鉄道グループありがとうフェスタ」も同時に開催することになりました。

ここで近江鉄道の社内で問題になったことは、交流会に参加する人たちは電車で何度も移動することになるので、その運賃の設定をどうするのか、ということです。

普通に考えると、近江鉄道の「お得な切符」として販売されている全線乗り放題パスの

「1デイスマイルチケット」(金曜日・土曜日・日曜日・祝日の利用が可能。大人900円、子ども450円)の利用が想定されます。しかし、無人駅では、このチケットは降車時に乗務員から購入するしかありません。するとお釣りの支払いなどで時間がかかり、利用者が集中する時間帯では電車の遅延などのトラブルの原因になることが心配されます。

そこで思い切って、この日に限っては全線無料にしよう、という提案が近江鉄道の社内で出たのです。

もちろん、近江鉄道にとっては、無料デイ開催日の運賃収入はなくなります。このイベント開催の宣伝広告費もかかります。そうした側面があることを理解したうえでの「全線無料デイ」の実施に、近江鉄道は会社として取り組むことに決めました。全線無料デイへの反応は、他の地方ローカル鉄道で公有民営方式の上下分離を行う際に有用な知見となるかも知れません。

近年、いくつかの都市で公共交通の無料デイが実施されています。経済的な効果を狙ったものも少なくないのですが、近江鉄道の場合は、シンプルに沿線の人々に感謝を伝えることと、沿線の活動団体の交流促進を目的にしたものでした。

近江鉄道全線無料デイの枠組みは、沿線の各団体が実施するイベント「沿線連携イベント」と、近江鉄道が会社として開催するイベント「近江鉄道グループありがとうフェスタ」の2つを、近江鉄道の全線無料で結びつけるものになりました。[4)]「沿線連携イベント」に参加することになったのは、沿線で活動する15団体でした。

2022年10月16日(日曜日)の全線無料デイ当日は、快晴にも恵まれ、早朝から多くの家族連れなどが近江鉄道に詰めかけました。老若男女、様々な人々が近江鉄道に乗り、様々なイベント会場を訪れる姿が目につきました。

近江鉄道が想定していた利用者数は約1万人でしたが、実際には、その4倍近い3・8万人(推定)の利用があったようです。近江鉄道によると2021年度の休日の定期外の利用者数が約3100人/日ということなので、無料デイ当日は普段の12倍もの人たちが、来てくれたことになります。

筆者も無料デイに参加しましたが、近江鉄道でこれまで体験したことがないほど多くの人が溢《あふ》れていました。また駅前の商店街なども多くの人たちで賑わっていました。家族連れが目立ちましたが、様々な年代の友人同士、それに大きなカメラを持った人たちなど多様な人人が参加していました。

さて、全線無料デイの直後に開催された第10回の法定協議会（2022年10月26日）の冒頭で、三日月《みかづき》会長から次の発言がありました。

――（全線無料デイでは）駅員の方が「こんなたくさんの人を運んだのは久しぶりだ。見たことがない」として、随分と気概・生きがいを感じてお仕事されている様子が印象的でした。無料にして、どなたも乗っていただけなかったら、この法定協議会はどうしたらいいのかと考えていたのですけれども、たくさんの方に乗っていただけてよかったと思っております。

図8-4　近江鉄道全線無料デイ当日の八日市駅の様子。これまで見たことがないほどの人で一杯（著者撮影）

全線無料にしたけれど、当日はガラガラだったらどうしよう……。私を含めて、多くの当事者はそれぞれ心配していたのでした。そして、全線無料にしても、誰も近江鉄道に乗りに来なかった場合は、全線存続に向けて議論してきた法定協議会の活動も根本的に見直さなければならないという、現実が突きつけられることになっていたでしょう。

しかし、今回の結果は、まさしくうれしい誤算でした。これほど多くの人々が近江鉄道を利用するとは想像もできないことでした（図8－4）。そして鉄道だけでなく沿線の商店街の来訪者も驚くほどの増加となりました（図8－5）。

図8-5　近江鉄道全線無料デイ当日の八日市駅前の商店街の様子。こちらも人で一杯（著者撮影）

もちろん、今回のイベントに参加した利用者のすべてが、今後も近江鉄道を利用してくれるわけではありません。しかし、潜在的な鉄道需要が、まだまだあることを実感することができた取り組みでした。

これまで近江鉄道存続に向けて取り組んできた法定協議会の活動は間違っていないと、多くの利用者の姿が背中を押すものとなったのです。

また、近江鉄道では、今回の全線無料デイの効果を分析するために、2ケ月後の2022

年12月にＷＥＢアンケート調査を実施しています。その結果が図8-6です。総サンプル数は２９１と少ないものの、全線無料デイ以降に近江鉄道の利用回数が増えたと回答した人たちが13%いることがわかりました。無料デイの取り組みでも一定のリピーターがいることが確認できたのです。

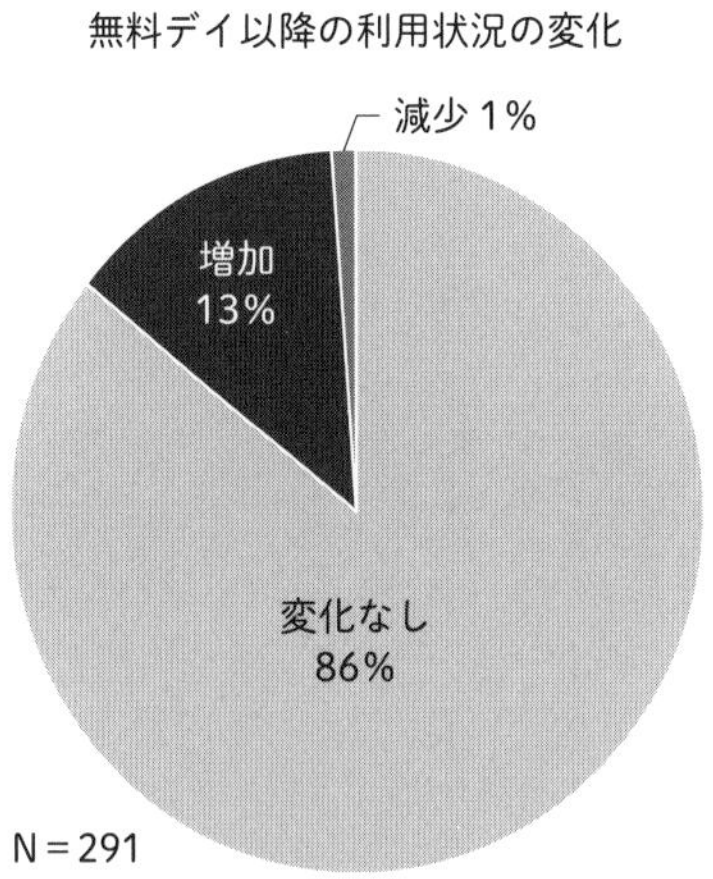

図 8-6　全線無料デイの結果分析[5]（近江鉄道調べ）

全線無料デイの約１ヶ月後の２０２２年11月19日には、第２回の「近江鉄道線活性化に取り組む皆さんの交流会」が開催されました。約50人が参加して、沿線の活性化の取り組みについての意見交換を行うことができました。この交流会は２０２３年度も実施され、今後は近江鉄道が中心になって継続的に開催される予定になっています。

また、全線無料デイについては、翌年２０２３年10月14日に、「ガチャフェス」と名付けたイベントが開催され、大人は終日全線１

00円で乗り放題、子どもは無料という内容で継続されています。

沿線の様々なイベントは前年の14か所を大きく上回り、49か所で開催されました。こうした活動の成果もあり、当日の近江鉄道の利用者数は目標の2万人を達成することができたのです。

近江鉄道の存続が実現したのは、制度としての上下分離方式への移行がうまくいったということだけではありません。ここで見たような一連のイベントを通して、沿線の諸団体や住民たちの持つ力が、顕在化したことも大きな要因です。こうした草の根的な支援の輪が拡大することも、近江鉄道の再生を支える大きな力になったのです。

8-3　市民からの発言「鉄道は道路整備と同じ感覚になる」

近江鉄道の経営危機の背景にあるのは、利用者数の減少とそれに連動した運賃収入の減少、鉄道施設の老朽化に伴う維持修繕経費の増大でした。

上下分離方式にすることで、維持修繕経費の増大については第3種鉄道事業者が受け持つ

沿線事業所・学校ヒアリングから見えてきた利用者確保や増収の考え方

→イベントの開催か？　切符の購買促進か、定期利用者の確保開拓か？

→同じ 10 人を増やすなら誰を増やすのか？

種類	増加数	1 年利用	10 年利用
通勤客	10 人	7,200 人 ※月 30 往復×12	72,000 人
通学客	10 人	7,200 人	21,600 人 ※高校 3 年間利用
観光客	10 人	20 人	40 人 ※5 年毎利用

結論：毎日繰り返し乗っていただける定期利用者を獲得することが最も効率的

図 8-7　利用者増・増収を図るために、今なすべきこと[6]

ことになり、鉄道存続の枠組みができました。

一方で利用者増については、２０２２年３月に開催された第９回の法定協議会に提出した「利用者増・増収を図るために、今なすべきこと[6]」が基本的な考え方といえます（図8-7）。

通勤、通学の定期券は、近江鉄道のルールで、１ヶ月に30日の往復利用と定められています。そこで、仮に10人の人が１年間定期券で鉄道を利用すると年間では７２００人に相当します。通勤の人が10年間勤務すると、なんと、延べ人数では７万２０００人に相当します。通学は３年間の利用だとすると、延べ人数で２万１６００人に相当するのです。

一方で観光客だと、仮に利用者が10人増加しても、往復利用の20人分に相当するのみです。５年毎に利用があると仮定すると、10年間で40人分に相当します。

こうしたことから、近江鉄道ではもともと通勤定期券と通学定期券の利用者数が2／3にものぼることも含めて、日常利用を重視することで、利用者増加、そして増収につながっていくことがわかります。

このうち高校生の通学利用については第7章で触れたので、ここでは沿線の企業との関係について述べておきたいと思います。

事業所と鉄道・バスの関係で、一般的によく言われることは、郊外の工場などの事業所への通勤は、皆自動車を使うので、鉄道やバスを利用する人たちは極めて少ないということです。さらに、鉄道やバスのダイヤが工場の始業時間などに合わないので、利用が困難だと言われることが多くあります。

しかし、活性化分科会の活動として沿線の企業に行くと、通勤の足として近江鉄道を利用している場合も少なくないことがわかってきました。

そこで2022年9月に沿線企業13社に集まってもらい、「近江鉄道沿線企業意見交換会」を開催することにしました。近江鉄道の利用可能性について、企業間で情報交換をする機会をつくろう、とチャレンジしたのです。

この意見交換会では、様々な企業から思いも寄らない発言が出てきました。例えば「近江鉄道での通勤を奨励するために、鉄道のダイヤに合わせて就業時間を変更した」「近江鉄道と相談して通勤時間帯の快速電車を最寄り駅に停車するように調整してもらった」「SDGsの観点から公共交通の利用を促したい」などの意見が出てきたのです。

これまで、なんとなく企業活動と鉄道利用は縁遠いものと考えていたのですが、この意見交換会で、そうした固定観念を良い意味で取り除くことができました。

2024年2月にも、意見交換会を開催しました。この時は、参加企業から「当社の従業員3000人のうち、近江鉄道で通勤する人は1/3、約1000名いる」という発言がありました。こうした実情を知ることで、通勤利用についてもまだまだ可能性があることを実感しました。

企業の利用促進については、異動や新人採用が集中する3~4月が重要なので、このタイミングを外さずに活動することが重要であることも確認できました。

法定協議会で鉄道存廃問題を検討したり、存続のための議論を続けていくと、市民の意識も大きく変化することになりました。

例えば、2023年10月に開催された第12回法定協議会では、首長の委員から「通勤・通学定期の支援をすることは、その支援の恩恵を受けない人たちの納得感を得ないと、なかなか難しいのではないか」という旨の発言がありました。これに対して、市民委員からは「今回、上下分離になるということで、下物は県・市町が持つので、道路整備と同じ感覚になると思う。鉄道を使われない方がなぜ負担をしなければならないのか、という話が出たが、道路の話で言えば、道路を使わなくても、道路整備を公共工事でやっているのと同じことだ」という意見が出されました。これまでは、鉄道は企業の持ちものという考え方が中心でしたが、上下分離とすることで、鉄道は道路と同じようにインフラであると考える市民が出てきたことになります。

法定協議会は、参加委員数も多く、開催当初はなかなか意見を言うことが難しい空気感に覆われていました。しかし、時を経ることで、しだいに自由闊達《かったつ》な意見交換ができるようになってきたことが、大きな変化だと思います。

さらに大きな変化は、市民委員の発言です。上下分離方式にして存続するということは、近江鉄道もインフラになるということで、地域を支える役割が大きくなり、同時に地域の人々をも支えることが重要になるという認識の変化が生まれてきました。

近江鉄道が企業の単独の経営から、公有民営方式の上下分離により地域のインフラになったことを実感できた瞬間でした。

終章

上下分離、
新生近江鉄道出発進行

２０２４年４月１日から、いよいよ近江鉄道は公有民営方式の上下分離を行い、第２種鉄道事業者の近江鉄道株式会社と第３種鉄道事業者の一般社団法人近江鉄道線管理機構によって、運行が継続されることになりました。２０１６年の近江鉄道によるギブアップ宣言から、実に８年の時間が経過していました。

この８年間に、本書で述べたように、様々な山あり谷ありの状況を乗り越えることで、近江鉄道は上下分離という新たな方式で、全線存続することができたのです。

上下分離方式での運行開始は、近江鉄道再生のゴールではなく、新しいスタートラインに立ったということです。

上下分離がスタートしてから進む方向は、本書でも説明してきた法定計画「近江鉄道沿線地域公共交通計画」で提示されている重点事業から取り組んでいくことになります。

この８年間の期間には、まったく思いもかけない事態が発生しました。２０２０年春からの新型コロナの大流行による、輸送人員の大きな減少です。この状況で上下分離を行っても、利用する人々が元に戻るのかどうかなど、先行きが非常に不透明でした。

しかし、法定協議会を中心に、地域団体の交流会、沿線企業意見交換会、高校生の通学支援などの取り組みを通して、これまで十分ではなかった地域と鉄道との連携が進んできたことには大きな意味がありました。

この連携の成果だと考えられるのが、２０２３年度の近江鉄道の輸送実績です。通勤定期はコロナ禍《か》前の２０１９年度に比べて１％増加しています。ただ、通学定期については５％の減少、定期外は９％の減少となっています。近江鉄道全体としては５％の減少という状況ですが、コロナ禍の影響からはかなり戻ってきているように思います。

ここで注意したいのは、通勤定期が少しですがコロナ禍の前よりも増加していることです。コロナ禍で仕事もオンライン化や在宅勤務が増加したことから、鉄道利用者も減少することが想定されました。しかし、近江鉄道では微増しているのです。この増加については、ここで述べた様々な活動が寄与していると考えられます。

こうしたことから近江鉄道は、地域の人々の移動を支えることで、まちの魅力を高め、安心して住み、学び、働くことができる地域を実現するためのインフラとして、今まで以上に役割を果たしていくことが期待されています。

ギブアップ宣言の頃の鉄道事業者と自治体の間の相互不信の状況から始まり、全線存続の

2024年4月6日の新生近江鉄道出発式（米原駅）の様子（写真：東近江市）

決定、存続形態としての上下分離方式と自治体の費用負担割合の決定など、様々なハードルを越えることができた要因について、簡単にまとめておきます。

①近江鉄道が、まだ多少の余力がある状況でギブアップ宣言をしたこと。余力があることで、上下分離する際に鉄道資産などの処理ができました。さらに、沿線の地域団体の交流会、沿線企業意見交換会、全線無料デイなどの取り組みを推進したことで、様々な活動が動き出しました。

②滋賀県が、三日月《みかづき》大造《たいぞう》知事のリーダーシップによる様々な会議体の設定と資料の事前準備、スケジュール管理を適切に実施したこと。

③沿線市町も、近江鉄道への気持ちに濃淡はありますが、それぞれが存続の方向でぶれることなく協力したこと。

④沿線の住民、企業、学校が近江鉄道の価値に気づいて、意見交換会に参加したり、様々な自主的な活動に取り組んだこと。特に鉄道を道路と同じようにインフラと考えるなどの意見は、鉄道上下分離の取り組みの背中を押すことになりました。

⑤鉄道事業者や行政とは異なる立ち位置の専門家の意見が重視されたこと。特に鉄道の代替交通手段としてのバスの導入検討や、クロスセクター効果の算出など、データとファクトによる分析は、意思決定の重要なサポートとなりました。これについては、様々な思い込みから近江鉄道の現状を見ない意見に対して、専門家としてデータに基づく説明や対応方向を提示することで、政策のミスリードを防ぐことができたのは重要なことでした。

今まさに、全国各地で地方ローカル鉄道の存廃問題が浮上しています。その際に、鉄道存続の方策として有力なのが、本書で紹介したように鉄道を運行部分（上部）と施設部分（下部）に分離して、それぞれ役割を明確にする上下分離方式だと考えられます。この方式を採用することで、下部はインフラとして公的な予算を投入することができます。

また、鉄道の存廃問題に取り組むためには、鉄道の存続形態の議論だけでなく、沿線の人人や企業、学校などとも力を合わせることが不可欠です。

本書で紹介した近江鉄道の再生プロセスが、ひとつの物語として、全国各地で起こっている地方ローカル鉄道の存廃問題に対応する際の参考になれば幸いなことです。

参考資料

1章

1 国立社会保障・人口問題研究所：「日本の将来推計人口（令和5年推計）」２０２３年4月
https://www.ipss.go.jp/pp-zenkoku/j/zenkoku2023/pp_zenkoku2023.asp

2 一般財団法人自動車検査登録情報協会（２０２２年8月）

3 土井勉・西堀泰英他：「愉しみの活動」に対して生活に身近な「都市の装置」が果たす役割：活動内容と会話に着目して、大阪大学COデザインセンター、「CO*Design 5」pp.45-64、２０１９年3月
https://ir.library.osaka-u.ac.jp/repo/ouka/all/71646/cod_05_045.pdf

2章

1 西日本旅客鉄道株式会社：鉄道事業者と地域の協働による地域モビリティの刷新に関する検討会資料、２０２２年2月
https://www.mlit.go.jp/tetudo/content/001464077.pdf

3章

1 近江鉄道：「近江鉄道線存続に向けた沿線自治体との協議について」、2022年2月
https://www.mlit.go.jp/tetudo/content/001469112.pdf

2 斎藤峻彦：『鉄道政策の改革：鉄道大国・日本の「先進」と「後進」』、p.28、成山堂書店、2019年

3 滋賀県：第7回近江鉄道沿線地域公共交通再生協議会資料、2021年6月23日
https://www.pref.shiga.lg.jp/file/attachment/5262866.pdf

4章

1 一般社団法人地域公共交通総合研究所：「地域公共交通ネットワークのあり方検討調査報告書」、2019年3月
https://www.pref.shiga.lg.jp/file/attachment/5142458.pdf

2 近江鉄道株式会社：近江鉄道線の経営状況について、2018年12月
https://www.ohmitetudo.co.jp/file/group_oshirase_20181218.pdf

5章

1 滋賀県：近江鉄道線のあり方検討
https://www.pref.shiga.lg.jp/ippan/kendoseibi/koutsu/305179.html

2　国土交通省：第9回地域交通フォローアップ・イノベーション検討会議事録、2019年6月
https://www.mlit.go.jp/common/001300928.pdf

6章

1　土井勉・河合達郎：近江鉄道線「血風録」⑫「【滋賀県知事に聞く】近江鉄道『存続』の舞台裏、溝と温度差どう乗り越えた?」」、2024年1月29日
https://jbpress.ismedia.jp/articles/-/78997

2　滋賀県：沿線住民・利用者等アンケート調査結果報告書、2020年3月
https://www.pref.shiga.lg.jp/file/attachment/5182626.pdf

3　滋賀県：クロスセクター効果分析調査報告書、2020年3月
https://www.pref.shiga.lg.jp/file/attachment/5182624.pdf

4　滋賀県：近江鉄道線の全線存続について(案)、2020年3月
https://www.pref.shiga.lg.jp/file/attachment/5170481.pdf

7章

1　滋賀県：第4回近江鉄道沿線地域公共交通再生協議会資料、2020年8月18日
https://www.pref.shiga.lg.jp/file/attachment/5195001.pdf

2 滋賀県：第5回近江鉄道沿線地域公共交通再生協議会資料、２０２０年12月17日
https://www.pref.shiga.lg.jp/file/attachment/5217121.pdf
3 滋賀県：第6回近江鉄道沿線地域公共交通再生協議会資料、２０２１年３月22日
https://www.pref.shiga.lg.jp/file/attachment/5238165.pdf
4 滋賀県：近江鉄道線沿線地域公共交通計画、２０２１年10月
https://www.pref.shiga.lg.jp/file/attachment/5283356.pdf
5 滋賀県：第9回近江鉄道沿線地域公共交通再生協議会資料、２０２２年３月29日
https://www.pref.shiga.lg.jp/file/attachment/5315283.pdf
6 国土交通省近畿運輸局：リーフレット「近江鉄道でみんなと楽しく通学しよう」、２０２１年３月
https://wwwtb.mlit.go.jp/kinki/content/000270831.pdf
7 東近江市：議会だより No.72、pp.2-3
https://www.city.higashiomi.shiga.jp/cmsfiles/contents/0000015/15581/2023-2.pdf

8章

1 近江鉄道みらいファクトリー
https://www.ohmitetudo.co.jp/railway/mirai/
2 ＮＰＯ法人まちづくりネット東近江：映画「ガチャコン！」制作プロジェクト

https://e-ohminet.com/news/2801/
3　滋賀県：近江鉄道活性化に取り組む皆さんの交流会
https://www.pref.shiga.lg.jp/file/attachment/5288010.pdf
4　滋賀県：第10回近江鉄道沿線公共交通再生協議会資料、2022年10月26日
https://www.pref.shiga.lg.jp/file/attachment/5356832.pdf
5　滋賀県：第11回近江鉄道沿線地域公共交通再生協議会資料、2023年3月28日
https://www.pref.shiga.lg.jp/file/attachment/5388814.pdf
6　滋賀県：第9回近江鉄道沿線公共交通再生協議会資料、2022年3月29日
https://www.pref.shiga.lg.jp/file/attachment/5315283.pdf

※URLは2024年4月〜7月閲覧

おわりに

近江鉄道の再生活動に筆者が関わったのは、２０１８年に始まった近江鉄道線活性化再生協議会（任意協議会）に座長として参加したのが最初の機会でした。

私は、それまでも鉄道やバスなどの公共交通とまちづくりの問題を統合して把握《はあく》することで、地域にとって望ましい交通政策を考えることを、自分の研究や仕事のテーマとしていました。人々の移動を支えることで、まちの賑わいが生まれることや、人口の定住促進を図ることを考えてきたのです。

そこに地方ローカル鉄道の存廃問題である、近江鉄道の問題を滋賀県の方々からご相談いただいたわけです。そこで、実際に近江鉄道に乗り、また様々な資料に目を通すことで、この鉄道はまだまだ廃止する状況ではないことを確信しました。仮に、近江鉄道の存続が困難となり廃線になるようなら、日本の多くの地方ローカル鉄道は廃線になってしまうと思いました。
そこで、様々な人々が語る鉄道に対する思い込みや意見を一旦横に置いて、まずはデータを読むことから、近江鉄道の再生の道を自分なりに描くことに取り組んだのです。そのプロセスを本書で紹介してきました。

この書物が、全国のローカル鉄道再生について考え、取り組んでいる皆さんにとって少しでもヒントになれば望外の喜びです。

特にこの書物を手に取ってくれた若い人たちには、移動を支えることの重要性を理解してほしいと思います。そして鉄道を存続させることは手段であり、その鉄道を活用して、魅力ある地域をつくることに関心を持ってほしいと思います。

自分たちの生活するまちが、こうなったら良いなあという希望の実現は、まずまちの様子に関心を持つことから始まります。関心を持ったことについて多くの人々と意見交換をすることで、希望するまちの姿に少しずつ近づいていくことになります。

本書で使用した様々なデータや各協議会の議事録、協議会資料などの多くは滋賀県の土木交通部のホームページ「近江鉄道線のあり方検討」(https://www.pref.shiga.lg.jp/ippan/kendoseibi/koutsu/305179.html)で公開されています。こちらも参考にして下さい。

＊本書は、ウエブマガジンJBpressの連載「近江鉄道線『血風録』」(2023年7月〜2024年5月)に加筆修正をしてまとめたものです。

謝　辞

ウェブマガジン「JBpress」で近江鉄道の再生について19回の連載を支えていただき、本書への写真の掲載などについてもご快諾をいただいた編集部の河合達郎さん、「JBpress」をご紹介いただき、「血風録」の執筆の機会をいただき、また近江鉄道の再生の取り組みを一緒にさせていただいた一般財団法人地域公共交通総合研究所(代表理事・小嶋光信)の町田敏章専務理事に感謝申し上げます。また、近江鉄道の再生についてのインタビューに快く応じていただいた滋賀県の三日月大造知事には、お忙しい中お時間をいただき感謝申し上げます。さらに、各協議会の打ち合わせなどでお世話になった滋賀県職員の森原広将さん、東近江市職員の山本享志さん、近江鉄道株式会社の和田武志さんにも、多くの活動でご一緒させていただき、感謝申し上げます。そして岩波書店の山本慎一さんは、この本が世に出るきっかけをつくって下さいました。さらに、近江鉄道線沿線の皆様、任意協議会・法定協議会の皆様にたいへんお世話になりました。厚く御礼を申し上げます。

土井　勉
一般社団法人グローカル交流推進機構理事長。NPO法人再生塾理事。

1950年京都市生まれ。名古屋大学大学院工学研究科修了。京都市役所、阪急電鉄株式会社、神戸国際大学経済学部教授、京都大学大学院工学研究科特定教授、大阪大学COデザインセンター特任教授を経て現職。京都大学より博士(工学)、技術士(建設部門)。専門は「総合交通政策とまちづくり」。

主な著作、「人口減少時代の公共交通」(日本経済新聞：やさしい経済学、2018年)、交通政策やまちづくり、クロスセクター効果に関する論文など多数。

これらに関連した交通政策やまちづくりに関する多くの行政委員などに就任。日本モビリティ・マネジメント会議：JCOMMマネジメント賞、日本都市計画学会：関西まちづくり賞、地域公共交通優良団体国土交通大臣表彰(NPO法人再生塾)など受賞多数。
＊地域公共交通のトリセツ　https://kotsutorisetsu.com/

ガチャコン電車血風録
—地方ローカル鉄道再生の物語　　岩波ジュニア新書995

2025年1月17日　第1刷発行

著　者　土井《どい》　勉《つとむ》

発行者　坂本政謙

発行所　株式会社　岩波書店
〒101-8002 東京都千代田区一ツ橋2-5-5
案内 03-5210-4000　営業部 03-5210-4111
ジュニア新書編集部 03-5210-4065
https://www.iwanami.co.jp/

印刷製本・法令印刷　カバー・精興社

ISBN 978-4-00-500995-4　　Printed in Japan

岩波ジュニア新書の発足に際して

きみたち若い世代は人生の出発点に立っています。きみたちの未来は大きな可能性に満ち、陽春の日のようにひかり輝いています。勉学に体力づくりに、明るくはつらつとした日々を送っていることでしょう。

しかしながら、現代の社会は、また、さまざまな矛盾をはらんでいます。営々として築かれた人類の歴史のなかで、幾千億の先達《せんだつ》たちの英知と努力によって、未知が究明され、人類の進歩がもたらされ、大きく文化として蓄積されてきました。にもかかわらず現代は、核戦争による人類絶滅の危機、貧富の差をはじめとするさまざまな人間的不平等、社会と科学の発展が一方においてもたらした環境の破壊、エネルギーや食糧問題の不安等々、来るべき二十一世紀を前にして、解決を迫られているたくさんの大きな課題がひしめいています。現実の世界はきわめて厳しく、人類の平和と発展のためには、きみたちの新しい英知と真摯《しんし》な努力が切実に必要とされています。

きみたちの前途には、こうした人類の明日の運命が託されています。ですから、たとえば現在の学校で生じているささいな「学力」の差、あるいは家庭環境などによる条件の違いにとらわれて、自分の将来を見限ったりはしないでほしいと思います。個々人の能力とか才能は、いつどこで開花するか計り知れないものがありますし、努力と鍛練の積み重ねの上にこそ切り開かれるものですから、簡単に可能性を放棄したり、容易に「現実」と妥協したりすることのないようにと願っています。

わたしたちは、これから人生を歩むきみたちが、生きることのほんとうの意味を問い、大きく明日をひらくことを心から期待して、ここに新たに岩波ジュニア新書を創刊します。現実に立ち向かうために必要とする知性、豊かな感性と想像力を、きみたちが自らのなかに育てるのに役立ててもらえるよう、すぐれた執筆者による適切な話題を、豊富な写真や挿絵とともに書き下ろしで提供します。若い世代の良き話し相手として、このシリーズを注目してください。わたしたちもまた、きみたちの明日に刮目《かつもく》しています。（一九七九年六月）

979
10代のうちに考えておきたいジェンダーの話
堀内かおる

10代が直面するジェンダーの問題を、未来に向けて具体例から考察。自分ゴトとして考えた先に、多様性を認め合う社会がある。

980
食べものから学ぶ現代社会
―私たちを動かす資本主義のカラクリ
平賀　緑

食べものから、現代社会のグローバル化、巨大企業、金融化、技術革新を読み解く。『食べものから学ぶ世界史』第2弾。

981
原発事故、ひとりひとりの記憶
―3・11から今に続くこと
吉田千亜

3・11以来、福島と東京を往復し、人々の声に耳を傾け、寄り添ってきた著者が、今に続く日々を生きる18人の道のりを伝える。

982
縄文時代を解き明かす
―考古学の新たな挑戦
阿部芳郎 編著

人類学、動物学、植物学など異なる分野と力を合わせ、考古学は進化している。第一線の研究者たちが縄文時代の扉を開く！

983
翻訳に挑戦！ 名作の英語にふれる
河島弘美

he や she を全部は訳さない？ この人物は「僕」か「おれ」か？ 8つの名作文学で翻訳の最初の一歩を体験してみよう！

984
SDGsから考える世界の食料問題
小沼廣幸

アジアなどで長年、食料問題と向き合い、今も邁進する著者が、飢餓人口ゼロに向け、SDGsの視点から課題と解決策を提言。

985 迷いのない人生なんて
―名もなき人の歩んだ道
共同通信社編
共同通信の連載「迷い道」を書籍化。家族との葛藤、仕事の失敗、病気の苦悩…。市井の人々の様々な回り道の人生を描く。

986 ムクウェゲ医師、平和への闘い
―「女性にとって世界最悪の場所」と私たち
立山芽以子
華井和代
八木亜紀子
アフリカ・コンゴの悲劇が私たちのスマホに繋がっている？ ノーベル平和賞受賞医師の闘いと紛争鉱物問題を知り、考えよう。

987 フレーフレー！就活高校生
―高卒で働くことを考える
中島 隆
就職を希望する高校生たちが自分にあった職場を選んで働けるよう、いまの時代に高卒で働くことを様々な観点から考える。

988 野生生物は「やさしさ」だけで守れるか？
―命と向きあう現場から
朝日新聞
取材チーム
多様な生物がいる豊かな自然環境を保つために、時にはつらい選択をすることも。悩みながら命と向きあう現場を取材する。

989 〈弱いロボット〉から考える
―人・社会・生きること
岡田美智男
弱さを補いあい、相手の強さを引き出す〈弱いロボット〉は、なぜ必要とされるのか。生きることや社会の在り方と共に考えます。

990 ゼロからの著作権
―学校・社会・SNSの情報ルール
宮武久佳
情報社会において誰もが知っておくべき著作権。基本的な考え方に加え、学校と社会でのルールの違いを丁寧に解説します。